古斯塔夫·莫瓦尼埃在红十字会创立时

红十字之魂

古斯塔夫·莫瓦尼埃传
1826 – 1910

弗朗索瓦·比尼翁 著

晓亚·杜博礼 译

中国海洋大学出版社

目录

序/ 赵白鸽

前言 / 01

备受疼爱的童年 / 04

小学、中学和大学时代 / 06

职业生涯开端的彷徨 / 10

日内瓦公益会与社会公益事业 / 14

战役过后 / 18

红十字的建立 / 20

从红十字的建立到第一个《日内瓦公约》/ 30

红十字国际委员会主席 / 35

《日内瓦公约》的修订 / 48

亚拉巴马号的仲裁与国际法研究院的创建 / 52

《被探索与教化的非洲》/ 56

一家之主,子孙满堂 / 62

尾声 / 65

简要年表 / 69

参考书目 / 78

后记 / 94

译后记 / 97

序

中国红十字会常务副会长 赵白鸽

国际红十字运动已有近150年的历史,目前发展成为一个拥有187个国家红会成员、历史最悠久、规模最大、影响最广的世界性人道运动。中国红十字会成立至今有107年的历史,是国际红十字运动的重要成员之一,在人道主义工作领域做了大量卓有成效的工作。但是,目前国内对红十字文化的研究和人道理念的传播仍显滞后,相关理论成果的引入和研究还很不足。这不利于红十字工作者、会员及志愿者更全面、深入地学习红十字文化,也一定程度上影响到了社会和民众对红十字会的认知和理解。

此次青岛市红十字会与日内瓦人道研究中心合作,将国际红十字运动创始人亨利·杜南和古斯塔夫·莫瓦尼埃传记翻译为中文并出版发行,是中国红十字会吸收国际红十字运动最新研究成果,兼收并蓄,促进中国红十字文化研究和传播的一次有益尝试。

亨利·杜南和古斯塔夫·莫瓦尼埃作为国际红十字会的奠基者和创始人,在西方一直享有很高的声誉和地位,前者作为国际红十字运动的理论提出者和最初实践者,被誉为"国际红十字之父",获得了首届诺贝尔和平奖;后者作为重要的践行者和"掌舵"长达40年的首任主席,为国际红十字会的发展起到了开山的作用。两部传记以客观的笔触叙写了他们真实的人生经历,为读者清晰地勾画出了两位伟人的人生轨迹。

希望本书的出版,能为国内红十字工作者提供一份工作参考,增进对国际红十字运动的认识;能让更多的民众了解红十字运动的起源,增强对人道精神的理解,促进全社会爱心的传递,形成我为人人、人人为我的良好风尚。

二〇一一年十二月三日

前言

古斯塔夫·莫瓦尼埃(1826-1910)是人类的伟大公仆。他提出了实施亨利·杜南的预见性构想的策略,通过这种方式,对红十字的创立以及现代国际人道法的出现做出了决定性的贡献。

在担任红十字国际委员会主席的40余年间(1864至1910年),莫瓦尼埃为这个新生的机构奠定了理论的和法定的基础,使其成功迈出了第一步,并为红十字国际委员会、整个国际红十字和红新月运动提供了整体布局和参照,使其得以发展至今。

作为国际法研究院的创始成员,他为国际公法的发展做出了贡献,并为建立一种新型的国际体制而奋斗,在这一体制下,国家之间的关系将由法律而不再仅仅由武力来决定。

作为《牛津手册》的主要编写者,他为明确战争法规和惯例做出了贡献,并编制了相关的法典。

最后,作为一名国际刑事司法的开拓者,他是主张建立国际刑事法院以及为处理前南斯拉夫问题和卢旺达问题而建立国际法庭的先驱之一,这些机构在20世纪的最后数年得以成立。从这一角度讲,他比我们的时代超前了整整一个世纪。

然而,虽然生前荣誉、奖章、勋章加身,古斯塔夫·莫瓦尼埃却在去世后马上被大众所遗忘。

本篇传记力求还原古斯塔夫·莫瓦尼埃的本来位置,同时并不掩饰属于他本人以及他所处的时代的缺点、弱点和错误。

向发起本篇传记以及姊妹篇《亨利·杜南》传记的中文翻译工作的曹嵩生先生、青岛红十字会表示敬意,向极为精心地翻译了这两本传记的晓亚·杜博礼女士表示敬意,他们的努力使得中国的红十字志愿者、法学家、历史学家、以及从广义上讲所有心怀人道主义运动和服务他人精神的人们,能够更好地了解红十字的创建历史和现代国际人道法形成初期的历史。

弗朗索瓦·比尼翁

古斯塔夫·莫瓦尼埃

1826-1910

这是一张由著名摄影师弗里德里克·博瓦索纳拍摄的照片,时值1906年修订第一个《日内瓦公约》的外交大会闭幕式。照片上,古斯塔夫·莫瓦尼埃胸佩勋章,发如银雪,目光炯炯。四年后,他辞世时,红十字国际委员会收到了从欧洲、亚洲和美洲各国发来的唁电。莫瓦尼埃自1864年起担任红十字国际委员会主席,直至去世。

然而,离世数年,莫瓦尼埃就被大众所遗忘。1917年3月12日,在日内瓦大学的阶梯教室里召开的一次会议上,贝尔纳·布维耶向同胞们呼吁"将莫瓦尼埃纳入给祖国带来至高荣耀的人物之列"。这一呼声没有得到回应。日内瓦人对加尔文、卢梭、亨利·杜南或是杜福尔将军都多少有所了解,但听说过古斯塔夫·莫瓦尼埃的人却为数甚少。

生前成就、声望和荣誉加身,身后却迅速沦为无名之辈,此等反差该作何解?不过,首要问题还是:古斯塔夫·莫瓦尼埃究竟何许人也?

备受疼爱的童年

1826年9月21日,古斯塔夫·莫瓦尼埃出生于日内瓦德国人上区的下街(今联邦路)37号。那里位于下城及商业区的中心,既有别于作为贵族和贵族家庭领地的上城,又有别于罗纳河对岸、作为钟表匠、首饰匠、上釉工等工匠和作坊工人聚集地的圣-日尔万区。

莫瓦尼埃的父亲,雅克-安德烈·莫瓦尼埃(1801-1885)出身于法国朗格多克区一个古老的外省贵族家庭。其家族为躲避宗教迫害,于17世纪逃亡至日内瓦。在这里,雅克-安德烈·莫瓦尼埃经营着由父亲创办的名为"莫瓦尼埃父子"的手表行。因职业原因,他隶属于一个与欧洲各国均有联系的同业公会,该公会凝聚了细工、精品的传统。

在经历了法国资产阶级革命和法兰西第一帝国时期的阴郁岁月后,日内瓦重现繁荣。雅克-安德烈·莫瓦尼埃无疑受益于此。事实上,经商的同时,他亦走上从政之路,这使得他在1835年进入地方议会,而后又进入大区议会,并于1842至1846年间作为第三政党即今日所称自由党的成员出席会议。该政党既反对自1813年12月31日法国王朝复辟以来操控日

古斯塔夫·莫瓦尼埃8岁时
让-莱昂纳多·卢卡东的铅笔画作品

内瓦政治生活的寡头政治集团的保守主义,也反对主张革命性变革的激进党。1843年12月13日,雅克-安德烈·莫瓦尼埃入选州政府,后因激进党革命的原因,于1846年10月9日辞职。

1824年11月17日,雅克-安德烈·莫瓦尼埃迎娶了伊萨·德奥纳的女儿——洛尔·德奥纳。伊萨·德奥纳拥有一份在库安坦的产业和一些位于日内瓦附近的安省的土地。莫瓦尼埃夫妇只有一个孩子,他就是古斯塔夫·莫瓦尼埃。

在其诸多著述中,古斯塔夫·莫瓦尼埃从不提及自己的童年,因而我们缺少一些他儿时生活的佐证资料。但毫无疑问,童年的他备受疼爱。他置身于一个保有公民责任感和正直人格传统的家庭,他的父母热爱自己的城市,笃信基督教,并将爱与希望全副寄托在了独子的身上。

小学、中学和大学时代

少年时期的古斯塔夫就读于著名的私立学校——普利瓦学校,后升入加尔文中学——一所颇受尊重的学府,该校以继承了其创办者——改革家让·加尔文的传统为荣。在经历了最初的被迫留级后,古斯塔夫取得了良好的成绩。同时,他还师从父母的朋友巴泰勒米·布维耶牧师学习宗教知识。

这几年当中,雅克-安德烈·莫瓦尼埃诚邀自己的儿子参加其社交活动。就这样,年轻的古斯塔夫四次陪同父亲一起前往巴黎。

1842年,古斯塔夫·莫瓦尼埃从中学毕业时,年仅16岁。在能够报名进入大学之前,他在专科学校学习了四年。20岁离校时,他已获得文学业士称号。

由于没有明确的未来规划,年轻的业士遵从父亲的建议,报名进入了法学院。尽管他并不十分了解将会在那里学到些什么,但他坚信,研习法律可使其今后从事一份有实际意义的工作,并且,如父亲一样,走上一条为城邦效力的从政之路。

由于法学院的课程要等到秋季才开始,为了提高自己的德语水平,古斯塔夫·莫瓦尼埃前往海德堡度过了他的暑期时光。就在此时,一场突如其来的事件搅乱了日内瓦政局,也搅乱了他父母的生活。

1846年10月6日激进党在圣-日尔万宣布革命,三日之后取得胜利。州政府成员于10月9日集体辞职。由于担心自身与家人的安全,雅克-安德烈·莫瓦尼埃携夫人前往仍隶属于皮埃蒙特-撒丁王国的阿纳西。从那里,莫瓦尼埃夫妇又转往巴黎,因为那边有很多他们的亲人和朋友。

于是,古斯塔夫·莫瓦尼埃得以与父母在法兰西的首都团聚。尽管没有十足的把握,他还是在法学院报了名。毕竟已经不能再考虑回日内瓦学习法律了。事实上,在经历了与新政府的一番交涉之后,那些出身于贵族家庭的瑞士学院法学教授们全部递交了辞呈。一年多以后,他们的位置才被那些以所谓"思想正统"著称的教授们所取代。

随后,1848年革命突然爆发,横扫七月王朝。莫瓦尼埃夫妇未在巴黎滞留很久。1849年8月4日,雅克-安德烈·莫瓦尼埃购买了一处被称作"恬静之乡"的地产,位于临近日内瓦的费尔内(今位于安省的费尔内-伏尔泰)。他与夫人在那里安顿下来。古斯塔夫则在假期来费尔内的乡下与父母团聚。

尽管古斯塔夫·莫瓦尼埃着手法律专业的学习是为了遵从父亲的建议,尽管他并不喜欢索尔邦大学,因为在那里他置身于一千多名完全陌生的一年级学生中;但他还是很快醉心于新的学习生活。

这份学习热情并不影响莫瓦尼埃享受这座启蒙运动城市的文化生活。他十分喜欢去剧院,尤其是法兰西剧院,在那里,拉舍尔出演的《安德罗马克》《费得尔》和《阿塔丽》都大获成功。他也同样经常会去参加一些由在巴黎的日内瓦侨民所举办的晚会和舞会。也许正是一次参加这类舞会的机会,使他结识了银行家巴泰勒米·帕卡尔的女儿,昵称法尼的让娜-弗朗索瓦兹·帕卡尔。在古斯塔夫离开巴黎之前,他们就已彼此约定终身。

古斯塔夫·莫瓦尼埃并没有因此忽视了他的学业。1850年的春天,他提交了两篇学士论文,一篇是用拉丁文书写,探讨一个有关罗马法的问题;另一篇是用法语书写,探讨一个有关民法的问题。论文答辩于当年3月1日举行,古斯塔夫·莫瓦尼埃取得了四票全票通过的最好成绩。当日,他便搭乘由五匹马拉着的邮车,在经历35小时的漫长旅程后,回到了费尔内与父母团聚。

古斯塔夫·莫瓦尼埃25岁时。
让-莱昂纳多·卢卡东的铅笔画作品

职业生涯开端的彷徨

学业渐临尾声,年轻的古斯塔夫似乎在选择日内瓦还是巴黎的问题上犹豫不决。巴黎丰盛的文化瑰宝已使他发现了新天地,而且那里也是他的未婚妻居住的地方。但最终还是亲情以及对故土的眷恋占了上风。

一回到日内瓦,古斯塔夫·莫瓦尼埃便突击准备实习前的律师职业资格考试。1850年7月2日和3日他参加考试并进行了题为《罗马法中的禁治产人》的论文答辩。一周后,他进行了就职宣誓,以实习律师的身份进入古戴 & 奥德乌事务所。

既已成功涉足职场,年轻的律师可以考虑成家了。1851年6月14日,古斯塔夫·莫瓦尼埃与法尼·帕卡尔在费尔内的一座基督教堂内完婚,教堂距莫瓦尼埃父母的居住地"恬静之乡"只有几步之遥。新婚夫妇在科拉特里10号安了家。周末,他们可以自由地选择在费尔内,或是在巴泰勒米·帕卡尔请人修建的漂亮别墅内度过,别墅位于赛雪龙,正对着莱蒙湖[1]。

大多数年轻人在结束学业后会迫不及待地投身职场,并视之为一种解放,但古斯塔夫·莫瓦尼埃却似乎并非如此。事实上,尽管肩负着新的家庭责任,他还是没有等到律师实习工作结束,就于1851年9月16日离开了古戴 & 奥德乌事务所。显

---

[1] 今莫瓦尼埃别墅。

昵称为法妮的让娜-弗朗索瓦兹·帕卡尔。（1828~1912）

然,比起律师事务所的具体工作,司法推理的纯粹性对他更有吸引力。在此后的3年中,他尝试过不同的工作,他在一位认识的代理人那里做过法律顾问,在一家叫做巴黎联盟的专做火险的保险公司里担任负责热克斯地区的代表,后来又在里昂－日内瓦铁路公司做过会计员,当时里昂至日内瓦的铁路正在修建中。但是<u>上述这些工作</u>,他都没有从事太久。如果大家知道,他甚至还去竞争过房地产抵押登记官助理的职位,一定会大吃一惊,好在他没有被录用。1854年秋,他同时辞去了里昂－日内瓦铁路公司的工作和在巴黎联盟保险的代表职务。据我们所知,此后他便再也没有从事过以赚取报酬为目的的工作。

坦率地说,是因为家庭财产,特别是妻子的财产才使得莫瓦尼埃不需要对供养家庭有所担忧。他的个人状况、所受教育、法学素养、个人兴趣以及在19世纪中叶的日内瓦依旧十分活跃的古希腊传统,加之父亲的榜样,所有这一切促使他走上了为城邦效力的人生道路。具体来说,1846年的激进党革命将贵族阶级与古斯塔夫·莫瓦尼埃所属的商业资产阶级驱逐出了政坛。事实上,他既未在日内瓦担任过任何政治职位,也未更多地参加产生于独立联盟战争(1847年11月)的新联邦的建设工作,因为那时他正求学于索邦大学,只能远远关注事态的发展。

已无谋生之忧的莫瓦尼埃由于自己所处的社会阶层而被排除于政治生活之外,他将在另一个方向上找到自己的使命,那将成为他人生的主线——公益事业。

古斯塔夫·莫瓦尼埃时期的"恬静之乡"

十九世纪末的莫瓦尼埃别墅

在1853年1月7日写给好友奥古斯特·布维耶的信中，莫瓦尼埃这样说道："既然我的动机和出发点是做个有益于祖国和同胞们的人，既然我十分幸运地不需要靠艰苦劳动谋生，那么，唯一让我迟疑的就是如何选择达成此目标的最好方式。……我选择了社会公益团体。"

事实上，莫瓦尼埃听从了弗朗索瓦·鲍迪埃牧师的建议，自1850年12月29日起便成为了救护协会的成员，该协会负责帮学艺的学徒找到师傅。他一入会便很快成为秘书，不久后又出任协会主席。

在担任协会秘书时，莫瓦尼埃着手编订了一份位于日内瓦的尚在运转中的公益机构名录。他正是由此与日内瓦公益会取得了联系，并于1855年2月15日成为其会员。他很快便掌管起了协会的未来，也正是通过在协会的工作，他与自己的真正命运相遇了。

日内瓦公益会与社会公益事业

日内瓦公益会是自由主义思想的产物，承续于启蒙运动时代，也承续于加尔文主义的思想，其神学的使命始终伴随着对社会的关注。协会的成立大会于1828年1月10日举行。这次会议聚集了州政府成员、科学院的教授、牧师以及其他重要人士。

协会的宗旨是促进改良那些致力于减轻、减少或预防苦难的机构。协会并不企求通过做善事来达到这一目标,而是通过鼓励和促进对社会问题的研究来寻找解决问题的办法。协会秉承18世纪的传统,定期举行一些竞赛活动。活动中所产生的优秀作品会赢得奖励,并会依据情况得以发表。简而言之,这是一个由社会显要人物组成的协会,其所关心的是工人阶级的生活状况。

尽管如此,协会创办者的良好意愿却不足以代替实际的工作计划。很快,协会的运转陷入停滞状态,证据便是协会会员们考虑与另一协会合并以避免公益会的解散。

莫瓦尼埃决定为协会奉献自己的力量,并一下子成为了协会中最积极的一员。他于第一时间着手重新组织安排协会的图书馆,目的是使其真正成为研究社会问题的工具。

1856年9月,他与另外两人一起代表日内瓦公益会参加了布鲁塞尔国际公益大会。此次大会为他打开了全新的视野。事实上,借此参会之际,他发现了跨越国界进行经验交流的多种可能性。从此以后国际间的合作便成为他工作的主要特点之一。

1857年9月,在法兰克福召开的下一届大会上,自然还是由他再次代表公益会出席。最终,1857年12月10日,年仅31岁的莫瓦尼埃当选公益会主席,并任职长达10年之久。然而事实上,莫瓦尼埃对公益会活动的领导时间持续了近30年。毋庸置疑,这是公益会历史上成果最为丰硕的一个时期。

1858年,《日内瓦公益会公报》的第一期成功问世。这本季刊的出版是莫瓦尼埃的心愿之一,他多年领导着这一工作。除1966年至1978年期间,这份公报一直在持续刊发,直至今日。

但是莫瓦尼埃并不满足于为公益会统领大局,他还亲自为公益会进行了多项研究,下列他所发表文章的清单便是明证。

·日内瓦储金互济会(1857年),

·奥尔良铁路公司中有益于工人的制度(1857年),

·奥尔良铁路公司雇员参与经营利润的分红(1858年6月),

·日内瓦协会统计(针对以社会或公益为目的的协会的普查,1860年2月),

·在日内瓦州对捡来的或被遗弃的儿童以及孤儿提供援助的历史(1860年),

·最完善的火灾保险系统(评审委员会报告,1861年),

·日内瓦公益会图书馆目录(1862年),

·日内瓦州兴奋型饮料的过度使用现象(1863年1月)。

通过这些不同的研究,莫瓦尼埃迈入一门新的学科,这便是日后成为他兴趣中心之一的社会学。在瑞士,他同时也是另一门学科——辅助于社会学与社会科学的统计学的创始者之一。事实上,他参与了瑞士统计学协会的创建工作。协会于1863年10月1日在日内瓦成立,莫瓦尼埃出任第一任主席。

联邦议会邀请莫瓦尼埃代表瑞士参加1863年9月在柏林召开的国际统计学大会,但由于家庭原因,莫瓦尼埃谢绝了邀请。作为补偿,他代表祖国参加了分别于佛罗伦萨(1867年)和海牙(1869年)召开的两届国际统计学大会。

在对日内瓦和瑞士的社会问题进行调研的同时,莫瓦尼埃对于公益活动的国际间合作仍然保持着兴趣。正因如此,他代表日内瓦公益会参加了于1862年6月9日至14日召开的伦敦国际公益大会。他当选大会副主席及组建国际公益协会问题的报告人。他以日内瓦协会的名义,提议邀请国际公益大会此后的某届会议在日内瓦召开。

红十字会的成立很快为古斯塔夫·莫瓦尼埃打开了新的视野,但这是否会使他对地方性的社会问题失去兴趣呢?丝毫没有,正如下列他在红十字会成立后所发表的文章所证实的一样。

·瑞士的工人组织(受联邦议会委托所做的调查报告,1867年2月),

·有关周日休息情况观察报告的汇总(评审委员会报告,1870年),

·工人参与老板的利润分红(1870年),

·日内瓦公益活动年鉴(1875年),

·日内瓦免费治疗机构(1878年),

·日内瓦公益会五十周年纪念(1878年),

·日内瓦的协会(1880年),

·在日内瓦经营非酒精清凉饮料店的公司(1881年),

·瑞士移民问题(1882年),

·火葬(1883年),

·十九世纪日内瓦监狱历史(摘录,1886年)

·保护驻外的瑞士籍小学女教师、家庭女教师以及女保姆的日内瓦免费事务所简介(1896年),等等。

然而,一场自阿尔卑斯山另一侧发动的血腥战争,很快将他引向另外的世界。

战役过后

1859年6月24日,在索尔费里诺小城周围,法国-撒丁联军向奥地利人开战。这是一个为意大利的独立与统一而战的决定性的一幕,但同时又是欧洲大陆继滑铁卢战役后所见证的最为惨烈的一次杀戮。在持续10小时的战斗中,6000多人阵亡,近40000人受伤。

法国军队中的医务部门无法应对这样的局面。事实上,战场上几乎没有医务人员的身影。由于医疗队隶属后勤部,而后勤部的军官们征调了医疗队的车辆用于运输弹药,以至于大多数的医生及护士被留在了后方。法军在战场附近仅有一个小型野战医院,共有3位医生和6位医务助理人员;医院位于距索尔费里诺九公里远的卡斯蒂廖内小城。

在战友和附近农民的帮助下,伤势较轻的伤员们前往卡斯蒂廖内以期在那里寻得治疗、水、食物和栖身之所。在这座拥有5000居民的小城里很快就聚集了近9000名伤员,其中500

多名伤员被集中在基耶萨-马焦雷主教堂。

6月24日晚,一位名叫亨利·杜南(1828-1910)的日内瓦商人来到了这座卡斯蒂廖内小城。他既不是医生,又有商务急待处理,但他却非目睹惨状而漠不关心之人。整整三天三夜,他陪在伤员床边,并竭尽所能以减轻眼前身处苦海之中的人们的痛苦。

1859年7月11日,意大利战役结束当天,杜南返回日内瓦。他立刻便因操心其所管理的阿尔及利亚的生意而无法脱身。然而他却无法忘怀索尔费里诺的那些伤员。1861年,他在日内瓦隐居,研究意大利战役并撰写了一部划时代的著作:《索尔费里诺回忆录》。

著作分为两部分:第一部分是关于战役的史诗般的、引人注目的记叙,采用当时军事历史文献的风格。但突然间笔调急转,作者所呈现出来的是战争所不为人知的一面,是基耶萨-马焦雷教堂里堆积的伤员与濒死者以及教堂内到处充斥着的腐臭气、尖叫声、痛苦、遗弃与死亡。

杜南以两项提议同时也是两项呼吁作结。

· 在各国建立伤兵救护协会,由协会募集私人慈善者的捐赠;

· 通过一份保护伤兵救护协会的志愿人员和战场上的医务人员的公约。

他的第一项提议成为了红十字会与红新月会的起源,今天这些组织在全球186个国家工作着;而他的第二项提议则标志着当代国际人道法的起点。

《索尔费里诺回忆录》于1862年11月在日内瓦由杜南自费出版；第一版印刷了1600册，并在扉页注明："非卖品"。这是一份宣言，类似一封"致同时代要人的公开信"，杜南将书分别寄给了一些王室家族、司法部，以及将军、医生、文人以及著名社会公益活动家。

著作很快引起巨大反响，随后的几个月中紧接着再版两次并被摆进了书店。这本书还被翻译成英语、荷兰语、意大利语、瑞典语、俄语、西班牙语，并先后三次被翻译成德语。但是，与杜南所触及的读者的数量同样重要的是读者的层次：数以百计的颇具影响力的通讯者向他发来了慰问信。

红十字的建立

杜南将他的书赠送给了许多知名人士，其中就包括日内瓦公益会的主席莫瓦尼埃。两人在中学时代就相互认识，他们都曾是日内瓦地理协会的会员。

古斯塔夫·莫瓦尼埃不是一个会被轻易打动的人，但他还是承认自己被杜南所描绘的画卷"深深地感动"了。一合上书，他便马上联系了作者。然而，即使杜南提出了两个将拥有非凡未来的思想，他却似乎还没有想到将理念付诸实施的具体策略。莫瓦尼埃留下了一份关于首次会面情况的记录："我原本以为他一定考虑过实现其梦想的方式，以为他或许可以为我提供一些对协会的成立有价值的建议,因为他是迄今为止唯一一个有想法建立协会的人。就此角度而言,我必须承认自己错了,因为我让他措手不及,据他所讲,他还没有构思出实施自己设想的任何计划。"

如果说杜南当时尚无具体策略的话,莫瓦尼埃却可倚重自身在日内瓦公益会的主席身份,以及他参与布鲁塞尔、法兰克福和伦敦的国际公益大会工作的经验。于是他向协会提交讨论杜南的提议。

日内瓦公益会委员会全体大会在1862年12月15日召开的大会上对此进行了讨论。尽管如此,委员会拒绝采取行动。"这不是我们协会所能管的事情。"会议记录如是总结道。我们不难理解,委员会的成员们在他们所经历的挑战面前退缩了。

"如何料想一个位于小国、在其活动范围外不具备行动能力、注定适于研究地方利益的协会竟会敢于投身一个别人与其磋商的宏伟事业的冒险经历之中?"多年后莫瓦尼埃这样写道。

然而莫瓦尼埃不是一个会轻言失败的人。在1863年1月28日的委员会全体会议上,他再次带来了杜南的结论。汲取12月15日的失败教训,他瞄准了一个界限清晰的目标:鉴于国际公益大会将于1863年9月在柏林召开,莫瓦尼埃建议公益会撰写一份论文,详细阐述杜南的提议以便提交国际公益大会讨论。委员会采纳了这一建议。

获此支持后,莫瓦尼埃于2月9日召集了公益会的全体大会。大会以怀疑的态度接受了杜南的主张。虽然每个人都认

古斯塔夫·莫瓦尼埃在红十字会创立时

识到意愿之高尚,但大家更乐于指出那些似乎阻碍意愿得以实现的障碍。然而,在莫瓦尼埃的提议下,公益会还是决定向柏林公益大会提交一份论文,并为此任命了一个负责起草工作的五人委员会,其成员有:杜南、莫瓦尼埃、阿皮亚医生、莫努瓦医生和杜福尔将军。杜福尔将军以其极高的权威与声望翼护着这项计划。

"五人委员会"于1863年2月17日召开了第一次会议,后来才使用红十字国际委员会这一名称。"五人委员会"一上来便决定将委员会变成"国际伤兵救护常务委员会",并明确指出,在日内瓦公益会对其授权结束后,委员会也将继续存在。这一决议可能令人感到意外,因为它似乎对日内瓦公益会的决定未加重视。然而从委员会成员们所确立的目标角度来讲,这一决议就可以被理解了。从第一次会议开始,这些目标就异常清晰地展现出来:在各国建立伤兵救护协会、招募志愿者、与军事当局建立联系、在所有国家采用一个共同的特殊标志来标记救护协会的志愿者。杜南最后提请注意他在《索尔费里诺回忆录》中所表达的愿望,即通过一项公约以保护伤者以及前往救助伤者的人员。

杜福尔将军被任命为主席,莫瓦尼埃为副主席,杜南担任委员会秘书。最终,由杜南负责为柏林的公益大会起草一份论文提纲。

委员会第二次会议于3月17日召开,并安排了充分的时间来了解杜南所收到的大量的表示赞同的信件。通过讨论,会

国际伤兵救护协会,又称"五人委员会",1863年

议也明确了未来伤兵救护协会的雏形。

委员会的第三次会议直到 8 月 25 日才召开,并在一声晴天霹雳中开场。原因在于,莫瓦尼埃宣布,原定于 9 月份在柏林召开的公益大会被取消了。尽管如此,在杜南的支持下,他立刻提议委员会在日内瓦召开一次自己的大会。杜南事先准备了一份《和解协议草案》,委员会对其进行了逐条审阅,要求杜南和莫瓦尼埃负责把草案整理完备,并编写邀请函。

事情进展很迅速。9 月 1 日,委员会发出了将于 10 月 26 日在日内瓦召开的大会的邀请。一份确立了未来伤兵救护协会基础的《和解协议草案》被附入邀请函一同寄出,但是草案中没有复述杜南所珍视的思想:志愿护士和军队医务人员的中立化。

杜南利用邀请函寄出后到大会召开前的这段时间,前往柏林参加了国际统计学大会。莫瓦尼埃放弃了参加此次大会的机会,因为他的妻子面临分娩,他们的第三个孩子就要降生了。

提起统计学,人们会认为它与杜南和莫瓦尼埃的计划没有什么直接的联系。但事实并非如此。实际上,19 世纪中叶的医生们是不具备任何他们的后继者今日所拥有的临床研究手段的。时处巴斯德的发现之前,以至于人们根本不了解传染病的病因。于是,统计学便成为当时医生们所拥有的唯一的工具,像雷达一样指引着医生们在暗夜中前行,摸索着提高自己治疗病患的技术与能力。事实上也只有通过统计才能判定哪一种治疗方案会给病人带来最好的康复前景。

国际统计学大会的第四次会议上聚集了一些军医,他们当中的好几位都收到了杜南的著作以及委员会所发通函。其中一位名叫巴斯汀的荷兰军队的军医甚至将《索尔费里诺回忆录》翻译成了荷兰语。

在巴斯汀的支持下,杜南向大会提交讨论国际伤兵救护常务委员会的议案。不过,虽然这些医生中有好几人怀着激动的心情阅读过《索尔费里诺回忆录》,虽然他们对委员会的通函也很重视,但有一点引起了他们的特别关注,即医务部门的中立化问题。事实上,这些医生们远比日内瓦委员会更加清楚地知道有多少医生和护士在战场上被杀害,而且他们的被害对任何人都毫无益处,因为他们不是战斗人员。于是,军医们毫不犹豫地通过了一项决议以支持委员会的提案。

得到这一支持后,杜南从柏林发出了新版通函,时间注明为9月15日。他在没有征询同事们意见的情况下,在通函中以日内瓦委员会的名义建议军队医务人员与志愿救援人员的中立化。委员会被迫面对这一既成事实。

杜南在经停德累斯顿、维也纳、慕尼黑、斯图加特、达姆施塔特和卡尔斯鲁厄之后返回日内瓦。在每一个首府,杜南都受到了王子般的礼遇。他的著作替他叩开了所有的大门。他借机为伤兵的权益辩护,并确信不同的德意志邦国都会派代表前往日内瓦参加会议。

10月19日,杜南抵达日内瓦,无疑对自己此行的收获十分满意。他的同事们聚集在一起听取他的讲述,但接待气氛十分冷淡。对于委员会成员们来说,《柏林通函》一事如鲠在喉。"我们认为您在要求不可能办到的事情。"莫瓦尼埃对杜南冷淡地说道。既然已经来不及取消这一令人不快的通函,最好的办法就是把它遗忘。

日内瓦国际会议于1863年10月26日由杜福尔将军主持召开,这次会议旨在研究补充战地武装部队中医务服务不足的方法。共有36人参加了此次会议,其中18位受14个政府委派前来参加会议倾听并发言;6位代表不同的组织和机构;7位以个人名义列席会议;当然,日内瓦委员会的五位委员们也出席了会议。

在杜福尔将军开幕致辞后,由莫瓦尼埃阐述了国际伤兵救护常务委员会的提案,并由他主持会议。尽管法国代表们持反对意见,这项建立救护协会的提案还是很快得到了广泛的支持。大会渐近尾声,但柏林提案却一直没有被纳入会议的讨论内容。

不料,巴斯汀医生对此事的警觉性导致了一场奇怪的对话。事实上,当巴斯汀问莫瓦尼埃打算何时展开关于柏林提案的讨论时,莫瓦尼埃答复说,委员会并没有准备就此提案进行讨论。巴斯汀对此的回应是:"尊敬的日内瓦委员会并没有明白这些政府代表接受其邀请的原因。"总而言之,这完全是个误会:委员会担心柏林提案不会被各政府所接受,而恰恰是柏林提案让各政府代表尤其是军医们最感兴趣。

在这件事情上,应当给予莫瓦尼埃公正的评价:他有足够的智慧不去坚持一个处境危险的立场。误会一经消除,他便引导辩论,以致大会在此问题上同样达成了积极的结论。

10月29日大会结束。此次大会通过了十项决议,而这十项决议在60多年的时间里奠定了各红十字会的基础。

日内瓦国际会议决议

国际会议希望在军队医疗服务不足的情况下救助伤者,特通过以下决议。

第一条:在各国建立伤兵救护委员会,其权责是在战争期间,如有必要,尽其所能协助军队的医务部门。

第二条:伤兵救护委员会可下设分会,数量不限,由委员会统一管理,以支持委员会的工作。

第三条:各伤兵救护委员会应与其所在国的政府取得联系,如有必要,使其救助服务得到政府许可。

第四条:和平时期,各伤兵救护委员会及各分会负责找到使其在战争时期能够真正发挥作用的方式,特别是准备各类救援物资,并尽力培训和教育志愿护士。

第五条:战争时期,参战国的伤兵救护委员会在其资源范围内,向各自的军队提供援助;特别是组织志愿护士参加救助工作,并在军事当局的许可下,提供场所救助伤者。

参战国的伤兵救护委员会可以向中立国的委员会请求帮助。

第六条：在军事当局征召或许可时,伤兵救护委员会可向战场上派遣志愿护士。救护委员会应使到达战场的志愿护士听从军队长官的指挥。

第七条：被派遣随军的志愿护士所需的一切给养应由各自所属的伤兵救护委员会提供。

第八条：志愿护士在所有国家佩戴白底红十字臂章作为共同的特殊标志。

第九条：不同国家的伤兵救护委员会及各分会可组织召开国际大会,以便交流经验,共同商讨为了公益事业所应采取的措施。

第十条：不同国家的伤兵救护委员会之间的信息交流由日内瓦委员会暂时居中协助。

多亏巴斯汀医生的坚持,大会同样讨论了有关战场上的志愿护士和医务人员的保护问题。由于此次大会不具备解决这一性质问题的资格,仅限于通过了致各国政府的建议。

除以上决议外,大会还提出了如下建议。

1. 各国政府应给予未来组建的救护委员会以高度保护,并尽可能地为其履行权责提供便利。

2. 在战争期间,参战国应宣布野战医院与医院是中立的,同时以最完整的方式承认官方医务人员、志愿护士、参与救援伤者的当地居民以及伤者本人是中立的。

3. 所有军队当中的医务部门都应使用一个统一的特殊标记,或者,至少在同一支军队的医务人员中使用。

各国的野战医院和医院应当悬挂一面统一的旗帜。

1863年10月的会议决议确立了国家级协会行动的基础以及红十字会的章程框架,直至1928年在海牙召开的第十三届国际红十字大会通过了国际红十字会章程。

正如研究国际红十字委员会历史的杰出历史学家皮埃尔·布瓦西埃所指出的,1863年的会议决议和建议的通过,在战争法的发展进程中,具有划时代的意义。

"1863年10月的会议决议和建议组成了伤兵救护工作的基本宪章。这为数不多的几份文件却让世界发生了变化。它们没有消除战争,但却减少了战争对人类的影响,并从战争的手中抢回了难以计数的受害者。在人类历史的长卷中,这是一份可救世的要件。"

从红十字的建立到第一个《日内瓦公约》

"委员会完全有理由对此次大会所取得的令人满意的结果感到高兴"。1863年11月9日的委员会会议的记录上这样写道。事实上,这是一次圆满的成功。

但是美好的意愿还需转化到行动当中。根据莫瓦尼埃的提议,委员会决定寄信给各位与会代表,目的是为了让他们在各自的国家建立伤兵救护委员会,并告知日内瓦委员会其本国政府对大会的决议与建议的赞同程度。相关通函于11月15日寄发。

事实上,甚至在1863年年底前,第一个伤兵救护协会便已在符腾堡建立起来。随后的几个月中,其他的协会也先后在奥尔登堡大公国、比利时、普鲁士成立。国际委员会从日内瓦总部激励着大会成员,鼓励他们主动建立国家伤兵救护委员会,同时还申请各国政府的保护,保证大会报告的广泛发行。总之,委员会注意在各首府继续保持当初促成决议的工作积极性。

与此同时,委员会还忙于筹备一届外交大会,后者有资格可将1863年的建议转化为一个对缔约各方具有法律效力的公约。从1863年11月15日开始委员会便着手就此事进行磋商。

由于委员会认为自己不具备召开外交会议的资格,于是寻找一个愿意主办此次会议的政府。然而,委员会在伯尔尼与巴黎的选择问题上迟疑不决,而这一问题似乎又使得莫瓦尼埃与杜南之间产生了新的裂痕。莫瓦尼埃希望由瑞士政府来发出邀请,而杜南则于1863年11月便返回了巴黎,他认为只有由法国这样一个欧洲大陆的强国来主办会议,才能使外交大会获得成功。

最终,由于委员会希望外交会议在日内瓦召开,法国外交部便将主办此次会议的责任推给了瑞士联邦议会,并承诺予以支持。

在得到了法国的外交支持后,瑞士联邦议会继续国际伤兵救护委员会发起的活动,并于1864年6月6日向欧洲各政府(包括奥斯曼帝国)以及美国、巴西和墨西哥政府发出了邀请函,随函附带一份主要由莫瓦尼埃起草的公约草案。

外交大会于1864年8月8日至22日在日内瓦的州政府大厦召开,共有16个国家的代表参加了会议。

杜福尔将军与莫瓦尼埃以瑞士代表团代表的身份参加了会议。作为大会主办国的第一代表,杜福尔将军被自然地推举为大会主席,但他要求古斯塔夫·莫瓦尼埃作他的助手,因为后者是条约草案的主要起草者,比任何人都能更好地向他提供建议并向代表们阐明不同条款的内容。国际委员会的其他成员被允许跟进大会工作,但无权参与大会的决议和投票工作。

此次外交大会的性质非常独特:既不涉及处理争端遗留问题,也不涉及调解利益分歧,而是确立一些会在未来依然有效的一般性规范。这一特点在瑞士全权代表们于会后递交给瑞士联邦议会的报告中鲜明地体现出来。

"一种在外交会议中罕见的现象,这里既不涉及矛盾利益的辩论,也不涉及对立意图的调解。所有人都意见一致。大家所确定的唯一目标就是庄严地通过一项人道主义原则,即伤兵和所有参与救援的人员的中立化,这将构成国际法的一项进步。"

事实上,唯一存在争议的是关于被伤兵救护协会(后来的国家红十字会)派遣随军的志愿护士的中立化问题。法国的代表们表示未被授权在这样一份提及志愿护士的公约上签字。相反地,其他代表愿意保证给予保护。最终,大会采用了一个折中的解决方案:由于被征召随军前往战场的志愿护士需要服从军队的纪律,他们将被视作军队医务人员。通过这一迂回的解决办法,他们的中立化得到了保证,即使他们在公约文本中不被提及。

《日内瓦公约》签署于1864年8月22日。没有任何一个文本在参战国关系方面产生过如此的影响。其内容如下:

改善战地武装部队伤者境遇公约

第一条:野战医院和军队医院应被承认为是中立的。只要这类医院内有任何病者或伤者,它们就应受到交战各方的保护和尊重[……]。

第二条:医院和野战医院的人员,包括管理人员、医务人员、行政人员、运送伤者的人员以及牧师,在他们执行任务期间,只要有伤者送入医院或得到救助,均应享有中立的利益。

第三条:上条所指人员即使在敌人占领后,可以继续在他们服务的医院或野战医院履行他们的职责,或者可以撤离,以便重返他们所属的部队[……]。

第四条:由于军队医院的设备器材一直受战争法的约束,属于此种医院的人员在其撤离时,不得带走任何物品,但是他们的私人物品除外。

相反地,在同样情况下,野战医院应保留其设备。

第五条:救援伤者的任何国家的居民应受到尊重和保有自由。[……]。

接纳在屋内并受到照顾的任何伤者应被认为是在该地受

到保护,在其屋内接纳伤者的任何居民应免除向军队提供住宿,并免除可能征收的对战争的一部分捐献。

第六条:伤病军人应受到接待和照顾,不论他们属于哪个国家。

在情况允许并且双方同意的情况下,司令官有权立即将在交战中受伤的敌方军人送交给敌方的前沿哨所。

当这些军人的伤势已经治愈并被公认为不能服役时,应将其遣送回他们的国家。

其他人员也可以遣送回国,其条件是在战争进行期间不再拿起武器。

撤离单位和指挥他们撤离的人员应受到完全中立的保护。

第七条:医院、野战医院和撤退单位应悬挂特殊的统一的旗帜,并且必须在一切场合也同时悬挂国旗。

中立人员应被准许佩戴臂章。但是这些物件应由军事当局发给。

上述旗帜和臂章应为白底上一个红十字。

第八条:本公约的实施细节由交战国军队的总司令根据他们各自政府的指示并遵照本公约规定的一般原则予以制定。

第九条:各缔约国同意将本公约通知那些未能派遣代表出席日内瓦国际会议的政府,并邀请他们加入本公约;为此目的本公约草案应向各国开放。

第十条:本公约须经批准。批准书应在四个月内或尽可能更早的时候在伯尔尼互换。

经授权的各国代表在本公约上签字盖章,以昭信守。

一八六四年八月二十二日订于日内瓦。

红十字国际委员会主席

日内瓦国际伤兵救护常务委员会是作为一个发起委员会而被创立的,目的是为了实施杜南在《索尔费里诺回忆录》最后几页中所阐述的两项设想。当时的两份文件表明,红十字国际委员会的成员们曾准备一旦目标达成便宣告解散。

然而事实上,甚至在外交大会召开之前,杜福尔将军便已提出从红十字国际委员会主席一职卸任的要求。在 1864 年 3 月 13 日的会议上约定:杜福尔将军今后担任国际委员会名誉主席,由莫瓦尼埃出任主席,杜南依旧担任委员会秘书。

这是因为委员会很快便确信,它所扮演的角色是必不可少的,一方面作为不同国家伤兵救护委员会之间的联络机构,另一方面也为了兼顾这项共同事业的整体利益。

此外,这也是一种通常惯例:一个组织在达到了既定目标后会趋向于自我确立新的目标。红十字国际委员会在日内瓦作出努力,以便使 1863 年和 1864 年的会议所激发的工作热情得以延续。委员会给代表们写信,鼓励他们遵照 1863 年 10 月的决议的精神发展伤兵救护协会,并与各国政府沟通,催促他们批准《日内瓦公约》。

最后,1863 年 10 月的决议的第九条规定:"不同国家的伤兵救护委员会及各分会可组织召开国际大会,以便交流经验,共同商讨为了公益事业所应采取的措施。"

但前提是要有人主动发起会议。这回仍旧是日内瓦委员会迈出了第一步。在一封于1866年9月18日写给法国伤兵救护协会主席费臧萨克公爵的信中,莫瓦尼埃建议,利用将于1867年在巴黎举行的万国博览会的机会,召集各中央委员会举行会议。

应法国红十字会的邀请,第一届伤兵救护协会国际会议于1867年8月26日至31日在巴黎召开。莫瓦尼埃当选会议副主席。然而,筹备工作欠佳,会议虽对诸多议题进行了讨论,但在大多数情况下都未能得出结论。

在古斯塔夫·莫瓦尼埃的提议下,日内瓦委员会建议就其构成和日后职责问题进行讨论。事实上,在一份提交给国际会议的报告中,国际委员会强调必须结束其迄今为止所处的临时性状态,赋予各组织一种常设机构的特性,使它们能够适应新形势的需要。

国际委员会认为,所有为共同的公益事业而团结在一起的国家都应在国际委员会中有自己的代表,并且对委员会的决议拥有合法的参与权。基于这一原则,国际委员会提议让位于一个"公益事业高级委员会"。根据一个军事强国一名代表的比例,该委员会由各国中央委员会选举的代表组成;这一国际代表组织将围绕日内瓦委员会组建,后者充当其办公机构。

上述讨论骤停。事实上,法国中央委员会代表布雷达伯爵提议将国际委员会的总部由日内瓦迁至巴黎,这必然会使新的机构陷入法国政权的影响之下。这正是导致国际委员会提议失败的原因。最终,会议决定红十字国际委员会总部仍设在日内瓦,有关其构成与职权的讨论推迟至1869年将在柏林召开的下一届会议。

除巴黎会议外,日内瓦委员会当时还被一场似乎会损及其未来名誉的危机所冲击。

早在杜南邂逅索尔费里诺伤兵的境遇之前,他所管理的阿尔及利亚生意的状况就已经很不稳定。况且也正是财务困境使得杜南前往意大利北部,而一场战争刚刚在那里打响。

红十字会的建立与《日内瓦公约》的通过为杜南这位蒙杰米拉磨坊公司的董事长带来了非凡的名望和众多的荣誉,他本人对此也极为热衷,但这些成就也同时使他忽视了自己在阿尔及利亚的生意。1867年春天,日内瓦信贷银行宣告破产,而杜南刚被任命为该行的董事,并向其出售了自己的一份生意。损失非常巨大,而杜南也被看作是此次灾难的第一责任人。一夜之间,杜南破产且声誉蒙羞。

1867年8月25日,巴黎会议召开的前夜,杜南写信辞去了委员会秘书的职务。在随后于1867年9月6日召开的会议中,委员会得知此事,而此时身处巴黎的杜南未出席会议。

"莫瓦尼埃先生宣读了亨利·杜南先生8月25日写于巴黎的一封信,在信中杜南先生提出辞去委员会秘书的职务。他将收到如下答复:委员会接受其辞呈,不仅作为委员会秘书,同时也作为委员会成员。"会议记录中生硬地写道。

这便意味着除名。

有关莫瓦尼埃针对杜南的态度问题,研究红十字历史的历史学家们做出过严厉的批评。红十字国际委员会的主席对委员会的前任秘书无疑表现出了一种过分的苛刻,其使用的措辞只会使一个已经跌入低谷的人难以承受。

然而我们不得不承认的是,杜南已经声誉扫地,红十字国际委员会可能担心其自身——加之整个红十字事业——被卷入其秘书的灭顶之灾当中去。

关系的中断似乎是不可避免的。我们只能对此感到惋惜,红十字国际委员会在这件事情上没有表现出更多的人道主义精神。

为了回应普鲁士伤兵救护协会的邀请,第二届伤兵救护协会国际会议于1869年4月22日至27日在柏林召开。莫瓦尼埃当选会议副主席。

有一个问题成为了会议磋商的核心议题:在和平年代,伤兵救护协会所应行使的职责。事实上,伤兵救护协会的建立是为了救助伤者。从这个角度来看,共识认为协会在和平时期的主要工作应该是为其在战时履行责任做好准备,特别是做好招募和培训"热心志愿者"的工作,这一点杜南在他的建议中曾经提到。然而事实上,各国的国家委员会强调指出:仅从做好准备以便在战时效力的唯一角度来招募、培训、尤其是保持志愿者们的工作动力,这对它们来说是不可能的。于是,各国的伤兵救护协会希望能转向和平时期的活动,特别是在医疗人员的培训、对病人的治疗和护理、抗击流行病及其他可能在和平时期突发的灾害等方面。

作为红十字事业的创办者,为了使红十字的创建目标得到完全的尊重,日内瓦委员会充当起捍卫者的角色。在和平时期的活动中,委员会注意到了一种对初始目标的威胁:由于专心于这些新的活动,各国的国家伤兵救护协会很快就会忘记他们的首要任务是救助战场上的伤兵。

由此引发的关于各国国家伤兵救护协会职能的第一次讨论中,日内瓦委员会未占上风。事实上,1869年在柏林召开的第二届国际会议通过了一项决议,鼓励国家伤兵救护协会发展和平时期的活动,特别是通过发展当地分会、招募志愿者以及培训男女护士来抗击流行病和其他灾难。

巴黎和柏林的两次会议并不只就国家伤兵救护协会的职能进行了讨论,有关日内瓦委员会职能问题的讨论也同样活跃。

事实上,1863年10月召开的会议已做出如下决定:"不同国家的伤兵救护委员会之间的信息交流由日内瓦委员会暂时居中协助。"实际上人们预计各国的委员会一旦成立便会直接进行彼此之间的联系,而日内瓦常务委员会从那时起便不再有存在的理由。

这是在幻想中自欺欺人。经验证明,一个负责保证国家委员会之间的相互联系并看护红十字事业整体利益的中央机构是不可或缺的,国际委员会应当以某种形式保留下来。

但在这种情况下,国际委员会在和平年代和战争时期的职能是怎样的?它与各国家委员会之间的关系是怎样的?它应被如何组建才能完成指定任务?

国际委员会将这些问题提交在巴黎召开的中央委员会会议讨论。会议对上述问题的讨论情况相当混乱,仅限于要求国际委员会靠近各国家委员会进行调查。

基于上述调查的结果以及国际委员会的提议,柏林会议责成日内瓦委员会维护和传播红十字事业的基本原则,出版《伤兵救护协会国际评论》,建立一个战时间讯联络处。至于其他有关国际委员会的构成和任务的问题被交由定于1871年在维也纳召开的下届会议讨论。

红十字国际委员会所被授予的维护和传播红十字事业的基本原则的权责,确认了日内瓦委员会的核心地位,以及其把握红十字运动基本方向的责任。其实自1863年10月的会议之后,日内瓦委员会就已经自觉地承担起了这一责任。

关于出版《红十字国际评论》并将这一工作交由日内瓦委员会负责的决定,使古斯塔夫·莫瓦尼埃的手中拥有了在红十字运动内部引导行动与思考的宝贵工具。第一期《评论》于1869年出版,从那时起,《评论》每年出版四期。莫瓦尼埃既是出版者又是主编。事实上,在将近三十年的时间里,他几乎独自承担了出版工作。

实际上只是在1898年10月,委员会为减轻主席的工作量,任命了一位名叫保尔·戴古特的秘书,由他特别负责《评论》的出版工作和发给《日内瓦日报》的关于红十字的定期专栏。在此之前,莫瓦尼埃一人负责所有的工作。

至于建立问讯处的计划,需要解决两个令人关注的问题。

一方面,保证有关伤员、俘虏和阵亡人员的信息传递;在此之前,实际上,被敌方俘获的士兵几乎没有任何办法与其亲属取得联系;阵亡人员会不经过身份确认便被丢入土坑中,以至于家人们没有任何办法得知他们亲属的命运;

另一方面,保证由参战国和中立国的国家伤兵救护协会所提供的救济品的传递。

柏林会议的决议处于解决这两个令人担心的问题的结合点上。

"在战时,国际委员会应注意恰当选择一处场所以建立起一个问讯联络处,其工作是采用一切手段为委员会之间的信息交流以及救济品的传递提供便利。"

这项决议恰逢其时。一年后,普法战争爆发。从第一阵炮声响起,莫瓦尼埃便赶赴巴塞尔,在那里组织起一批知名人士,并说服他们来负责国际伤兵救护所的领导工作。红十字国际委员会在 1870 年 7 月 18 日(战争爆发仅三天后)的通函中宣布了救护所的成立。在克里斯特·索珊医生的积极带领下,救护所的工作取得了惊人的进展,不仅考虑到了伤兵,同样也考虑到了战俘。为保证受托救济品的发送,救护所任命了一些代表,由他们把发送物一直护送到战俘营。救护所保证了每天

1878年时的古斯塔夫·莫瓦尼埃

700至800封来往于战俘和他们的亲属之间的信件发送,并且组织了2600多名伤员经由瑞士的遣返工作。

至于红十字国际委员会,由于交战国之间的外交与通邮关系在开战后随即中断,不仅是各国国家伤兵救护委员会,而且很快就连交战国政府也前来寻求其帮助,要求委员会向敌对方传递他们的通告,特别是援引《日内瓦公约》提出的针对违背公约行为的抗议。

红十字国际委员会的中立调停人的职能就这样自1870年战争起显现出来,这场战争是《日内瓦公约》适用的第一起争端。

然而,当战事平息,剩下的只有非难。尤其是法国方面,部队对《日内瓦公约》一无所知,未作任何可使法国伤兵救护协会完成其使命的准备。一些所谓的专家要求无条件地通告废除《日内瓦公约》,视其为各项运作失败的罪魁祸首,并且认为应当以各军队针对自己部队所制定的规章取而代之。

这场由几个国家伤兵救护协会声援的诋毁运动使红十字国际委员会陷于守势。而在1863至1871年间,日内瓦委员会主动采取了一系列大胆举措,其中包括普法战争一结束就成立了一个国际战俘救护所。我们目睹红十字国际委员会——特别是古斯塔夫·莫瓦尼埃——倾注全副精力来保护已经取得的工作成果,尤其是《日内瓦公约》。红十字国际委员会从一项新兴事业的创立者,转变成为一项神圣事业的持续30年的守卫者。

至于各国家伤兵救护协会,当人们预计它们会懂得超越这场激烈论战[2]时,它们却以旺盛的精力相互诋毁,以至于原本邀办1871年在维也纳召开的第三届国际会议的奥地利红十字会选择将会议无限期推迟。

在十年多的时间里,红十字国际委员会一直徒然地催请奥地利红十字会兑现承诺,但始终未果。红十字国际委员会最终决定亲自召集第三届国际红十字大会,会议定于1884年9月1日至6日在日内瓦召开。

既然红十字国际委员会主动发起了此次国际会议,发送了邀请函,编写了筹备工作文件并完成了整个会议的组织工作,很自然地,古斯塔夫·莫瓦尼埃被指定主持大会。

如果说国家伤兵救护协会的职能问题是巴黎会议和柏林会议关注的首要议题,那么红十字国际委员会的构成与职能问题便是第三届大会乃至1887年9月22日至27日在卡尔斯鲁厄召开的第四届大会所讨论的核心问题。

---

[2] "在托庇于红十字会的各伤兵救护协会中,本质上具有国际性的是一种激励他们的精神,正是这种慈善精神推动他们跑遍流血的战场,使他们体会到一种对待外国伤员如同对待同胞一样的关切之心。协会的存在是一种对粗暴爱国主义的活生生的抗议,这种粗暴爱国主义扼杀人们心中对遭受苦难的敌人的一切恻隐之情。协会致力于在人类大家庭的不同成员之间消除那些受我们这个时代道德感谴责的、由狂热与野蛮所设立并仍过于经常地维持着的障碍。"古斯塔夫·莫瓦尼埃于1870年7月在乐观主义的冲动中写下了这段话,然而这种乐观主义很快就被普法战争残酷地否定了。

古斯塔夫·莫瓦尼埃与妻子法妮、孩子洛尔与阿道夫

从巴黎大会和柏林大会(1867年和1869年)再到日内瓦大会(1884年),红十字国际委员会完全翻转了其立场。在巴黎,委员会曾提议扩大组织以使各国家伤兵救护协会的代表能够加入其中,但在1870至1871年的普法战争之后,委员会采取了相反的立场。事实上,就在大家都认为像战争这种普通的现象不会扰乱似乎在红十字会内部盛行的完美和谐时,我们却看到那些刚成立不久的国家伤兵救护协会到处鼓吹最恶毒的宣传言论并不遗余力地相互诋毁。这是一次红十字国际委员会不应当忘记的教训,特别是因其在日后的冲突发生时还会或多或少地重复出现。

与此同时,普法战争突显了日内瓦委员会被选定在战时担任的中立调停人一职的重要性,该职能的履行不仅是在各交战国的国家伤兵救护协会之间、同时也在其政府之间提供了信息交换的便利。

然而,俄国红十字会以自身名义重提扩大红十字国际委员会组织的设想。

如此一来,第三届和第四届国际红十字会议便要面对两份完全对立的提案。

一方面,俄国红十字中央委员会提交了一份关于重组红十字会的提案,目的是在一份协定的基础上调整红十字会机构之间的关系,并通过吸收各国家伤兵救助协会一名代表加入委员会的方式,把日内瓦委员会转变成为一个真正的国际性组织。相对于各国家伤兵救护协会而言,该委员会由此处于权威地位。在战时,委员会的使命是通过向战场上派遣负责监督交战国履行义务方式的中立代表来防止违背《日内瓦公约》的行为。

另一方面,红十字国际委员会要求维持通过实践发展而来的组成和职权。

由于莫瓦尼埃被指定为第三届国际大会的主席,古斯塔夫·阿道尔[3]便成为了红十字国际委员会立场的辩护人。同样的情况延续到了1887年在卡尔斯鲁厄召开的第四届国际大会。这一解决办法很自然地摆在面前,特别是当我们发现一种非常特殊的局面——红十字国际委员会的组织立场与其主席的个人立场之间出现分歧时。事实上,莫瓦尼埃一直倾心于组建一个以日内瓦委员会为中心并集合各国家伤兵救护协会代表的红十字联合会的想法,而红十字国际委员会在1871年后便首先坚持要保持自己的独立性和中立调停者的职能,该职能在普法战争中已经充分显示了其重要性。

讨论十分热烈。事实上,在俄国红十字会的提案中,不仅关系到红十字国际委员会的组成问题,同时还关系到国家伤兵救护协会从创建伊始便享有的独立性的问题。正是后一点导

---

[3] 古斯塔夫·阿道尔(1845-1928),律师,1870年加入红十字国际委员会。他于1910年接替古斯塔夫·莫瓦尼埃出任红十字国际委员会主席一职并直至离世。他以自由党党员的身份步入政坛,并先后成为大区议会议员、日内瓦州政府成员和联邦国会议员。当瑞士正经历着其历史上最严重的危机之一时,他于1917年6月当选为联邦议会议员,并于1919年成为瑞士联邦主席。

致了俄国提案的失败。最终,卡尔斯鲁厄国际大会通过了一项肯定现状的决议。

"从红十字会的整体利益出发,维持位于日内瓦的国际委员会自红十字事业创立以来的状态不变是有益的。

它将像从前一样履行其职能。

1. 致力于保持和发展各中央委员会之间的关系;

2. 在查实新的国家伤兵救护协会的建立基础后,正式通告其建立情况;

3. 出版《国际评论》【……】;

4. 在战时建立一处或多处国际征信所,国家伤兵救护协会可借助征信所的斡旋将现金或实物救济送达至交战国伤兵;

5. 在战时,如有需要,向交战国伤兵救护协会提供日内瓦国际委员会或国际征信所的斡旋帮助,使其书信得以传递。"

就这样,在创立20余年后,红十字国际委员会最终明确了其发展道路,并维持了其构成和职权。

第五、第六和第七届国际大会分别于1892年在罗马、1897年在维也纳、1902年在圣彼得堡举办。莫瓦尼埃没能参加这三届会议,但每一届会议都授予他荣誉主席称号,谨向他表示敬意。

《日内瓦公约》的修订

在古斯塔夫·莫瓦尼埃担任主席的四十年间,如果说有一个问题始终盘旋在他脑海之中的话,那便是《日内瓦公约》的

古斯塔夫·莫瓦尼埃在他的壮年时期
查尔斯·纪洪绘画作品

修订问题。他从未停止过对公约实施过程中所提出问题的分析,也从未停止过思考如何完善1864年的文本、如何增补一些内容来改善初始公约。然而在30多年的时间里,这一活动却没有超过学院式著作的范围,最多是将思考和分析的成果予以发表,但红十字国际委员会并没有决定向各国政府提交讨论一份修订草案,因为修订草案有可能会让1864年公约受到质疑。

直到1898年,红十字国际委员会才发表了《关于修订〈日内瓦公约〉的研究》,随附一份由古斯塔夫·莫瓦尼埃拟订的公约修订草案。

最终,1899年在海牙召开的第一届国际和平大会过后不久,红十字国际委员会决定开始对1864年公约进行修订。1906年7月6日的《日内瓦公约》如是完成。尽管完全没有亲自参与条约修订会议的工作,古斯塔夫·莫瓦尼埃最终还是满意地看到一项多年来牵挂于心、为之不断工作了三十余年的草案得以完成。

1904年初,一次健康上的意外迫使莫瓦尼埃放慢了他行动的脚步。在1904年3月14日的会议期间,红十字国际委员会决定,自1888年起一直担任副主席一职的古斯塔夫·阿道尔今后承担红十字国际委员会执行主席的工作,但放弃主席的正式称号,而古斯塔夫·莫瓦尼埃则被授予"终身主席"称号。

直到那时,在四十年的时间里,莫瓦尼埃指挥着一切并完成所有主要工作。是他召开并主持委员会的会议,准备提交给同事们审议的提案,接收并回复信函,编写《评论》并对图书馆

古斯塔夫·莫瓦尼埃在修订《日内瓦公约》会议时期。（1906）

的书籍归类整理,且通过发表大量著述来保证红十字这项共同事业的基本原则得到尊重,并依据柏林大会对红十字国际委员会的授权进行相关宣传工作。自1864年至1904年,红十字国际委员会的活动在很大程度上已经与其主席的活动一体化了。

然而,繁多的工作并没有妨碍古斯塔夫·莫瓦尼埃同时发起其他创举。现在该转而关注他的新创举了。

亚拉巴马号的仲裁与国际法研究院的创建

美国南北战争期间(1861～1865),英国政府曾准许利物浦造船厂提供给南军约二十艘巡洋舰。其中最为臭名昭著的一艘称为亚拉巴马号。在沉入海底前,它曾在两年的时间里对美国商船航线造成了极大破坏。在很多美国人看来,如果英国没有违背其皇室内阁在冲突伊始宣布的中立立场而对南军予以支持的话,工业化的北方与农业化的南方之间的战争绝不会持续四年。

战争一结束,美国便向英国政府要求损害赔偿。这一问题使两国关系恶化并有进一步加剧的危险。最终,在经历了艰苦谈判后,伦敦政府与华盛顿政府同意将这起使两国对立的争端提交仲裁法庭。该仲裁法庭于1872年6月15日至18日设于日内瓦州政府大厦内八年前曾签署《日内瓦公约》的会议厅。当年的9月14日,仲裁法庭作出了裁决。尽管被判处支付一大笔赔款,伦敦政府还是如其所承诺的一般尊重了仲裁判决。

和许多同时代的人一样,古斯塔夫·莫瓦尼埃对亚拉巴马号仲裁事件的历史意义很敏感。既然两大强国都能够达成一致,将一起严重关系到两国利益与声誉的争端提交仲裁,为什么其他国家就不会求助于仲裁来解决纠纷呢?这难道不是一个保护和平的新办法吗?

但是莫瓦尼埃也意识到了,为在处理两国对立争端的适用法律及法庭所必须使用的法规问题上达成一致,伦敦政府与华盛顿政府所必须克服的困难。[4]

如果想推广借助仲裁以防止战争,难道不应该明确一下在19世纪中叶主要以习惯法的形式存在的国际法的内容吗?对于能够帮助明确法规的内容与适用范围的科学界来说,这难道不是一项新的挑战?如果不同国家的最著名的法学家能够在法规的内容上达成一致,那么这一工作的权威性就得到了保证。

裁决一经宣布,莫瓦尼埃便前往根特会见其担任《国际法与法学比较杂志》主任的朋友古斯塔夫·罗兰-雅克曼,随后又前往海德堡会见在那里任教的杰出的瑞士法学家让·卡斯

---

[4] 莫瓦尼埃已经意识到了一个事实,那就是法国与普鲁士在1870至1871年战争期间相互指责的许多对战争法规和惯例的违背行为,其根源在于两国对于在武装冲突时适用惯例的存在和适用范围有着不同的看法。

帕·伯伦知理[5]。莫瓦尼埃向他们提议,创建一个汇集最杰出的国际法专家的常设机构。

事情进展迅速。1873年春,罗兰-雅克曼写信给一批著名的杰出法学家,他在信中提议创建一个国际法科学院或研究院。

时值夏末,这些法学家在根特的市政府大厦汇聚一堂,建立了国际法研究院。

1871年后,在红十字会内部,莫瓦尼埃将更多的精力用于保护已有成果而不是谋求新的发展。他关于国际法的发展计划在这里受到束缚,但在新研究院的背景下,他可以尽情发挥自己的创造性。1877年,有关俄土战争(1877–1878)期间违反战争法规和惯例的行为的引证强烈触动了莫瓦尼埃,于是他向国际法研究院提交了一项题为《战争法规——向交战国和新闻界发出的呼吁》的宣言草案。在1877年9月举行的苏黎世会议期间,研究院大会全体一致投票通过了该宣言,并委托莫瓦尼埃和罗兰-雅克曼拟订一份以对部队的教育为重点的声明,因为部队教育是保证国际公约得到遵守的唯一办法。

---

[5] 伯伦知理是海德堡大学教授,他于不久前刚出版了一部雄心勃勃的作品,该作品以法典编纂纲要的形式,构成了整个国际公法的全景图。让·卡斯帕·伯伦知理,现代文明国家的国际法法典,内特林根,Beck出版社,1868,XII & 520页。

事实上,莫瓦尼埃负责了这一项目。他受到1874年《布鲁塞尔宣言》、不同国家采用的军事法规以及亚伯拉罕·林肯总统于美国内战时期颁布的《利伯法典》的启发,采用了《战争法规和惯例手册》的形式。

国际法研究院于1880年9月在牛津举行会议,批准通过了由古斯塔夫·莫瓦尼埃起草的《陆战法规手册》。尽管手册本身并不构成国家必须履行的义务,因为它是由一个学术性协会完成的著作,但《牛津手册》还是提出了陆地战争法的原则。很多国家在编写部队训令时都借鉴该手册。1899年在海牙召开的第一届国际和平大会通过了《陆战法规和惯例公约》,其中多个条款中都有由莫瓦尼埃提出的用语。在费奥多·费奥多罗维奇·马顿斯的提议下,大会表决通过对古斯塔夫·莫瓦尼埃的致谢词,尊其为"《牛津手册》最主要的,更确切的说是真正的作者"。

15年后,在剑桥召开的会议期间(1895年),研究院通过了由古斯塔夫·莫瓦尼埃和爱德华·恩格哈特起草的《关于在〈日内瓦公约〉中增加刑事处分的报告》。报告中重新采用了莫瓦尼埃从普法战争(1870~1871)时期起就提出的一个想法,主张建立一个国际刑事裁判管辖区。因此,莫瓦尼埃被视作主张为处理前南斯拉夫问题和卢旺达问题而建立国际法庭以及建立国际刑事法院的先驱之一。

《被探索与教化的非洲》

既是精明的外交家,但也是唯利是图、野心勃勃的君主,莱奥波德二世梦想使比利时拥有一个与国家自 1830 年独立以来所经历的经济发展相称的殖民帝国。

自 1876 年起,他便选中了几乎尚未被探索的中非地区。同年 9 月 12 日,他召集了一次由最著名的非洲学学者参加的大会,并向他们提交了一份有关"非洲探索与教化国际协会"(简称"国际非洲协会")的草案,该协会被指定为勘查和拓殖非洲大陆调配力量。

次年,英国探险者亨利·莫顿·斯坦利沿着刚果航道从印度洋穿过非洲大陆抵达大西洋海岸,他的这一辉煌壮举引起了轰动。莱奥波德二世创立了刚果国际协会并担任名誉主席。他让斯坦利为其效力,还数次派遣探险人员勘察刚果盆地并在战略要处升起国际协会的旗帜。莱奥波德城于 1882 年建立。

巧妙地玩弄着德国、英国和法国之间的竞争关系,莱奥波德获得了柏林大会(1885 年 2 月 23 日至 26 日)对国际协会在刚果盆地拥有主权的确认。他就这样获取了一块比比利时面积大 77 倍的殖民领地。由于国际协会主权的假象不再有利用价值,莱奥波德二世便于 1885 年 5 月 29 日宣告了刚果自由邦的成立。

在柏林大会上,莱奥波德二世提出了国际协会的"教化使命",该使命主要体现在废除奴隶制上,这一点远不是欧洲人的

1900年至1902年的红十字国际委员会
从左到右,座次:阿道夫·莫瓦尼埃先生、代斯宾医生、爱德华·奥迪埃、古斯塔夫·莫瓦尼埃、古斯塔夫·阿道尔;从左到右,站位:费雷耶医生、爱德华·纳维勒、卡蜜儿·法弗尔和阿尔弗雷德·戈蒂埃。墙上挂有杜福尔将军的肖像

专利;同时也体现在禁止非法买卖酒精上,贩卖酒精与贩卖人口造成的破坏情况几乎同样严重。

然而,事实上,公益的借口很快掩盖了无耻的剥削。实际上,莱奥波德无法依靠比利时的财政支持,因为政府没有准备好借助于国库收入来支持一项由君主完全在政府和议会控制之外指挥的殖民计划,所以他决定刚果自由邦应当自己创造发展所需的资本。为使投资获益,他任由一种掠夺性经济在其委托的殖民地管理者于当地实施的开发经营体制基础上建立起来:出让土地给欧洲种植园主、征用当地劳动力在种植场和矿场劳动、对逃避强制劳动者和产出不足者处以肉刑。

古斯塔夫·莫瓦尼埃曾认真关注过比利时国王的计划。事实上,在神学教授德拉阿尔普的建议下,日内瓦地理协会自1877年4月起便创建了"瑞士国家探索与教化中非委员会"。

在1877年6月于布鲁塞尔召开的国际非洲协会第一次会议时,该委员会由其主席亨利·布提耶·德布蒙和古斯塔夫·莫瓦尼埃一起代表出席。由于没有任何关于非洲的经验,除了就采用白底红十字作为协会象征一事表示反对意见外,莫瓦尼埃避免参与会议讨论。

1878年9月5日,国际法研究院在巴黎举行会议时,莫瓦尼埃提议研究院探讨是否有可能订立一项国际条约,模仿多瑙河航行制度,为刚果制定一项自由航行制度,但该提议却不了了之。

次年,莫瓦尼埃创办了一份名为《被探索与教化的非洲》的月报,并担任该报出版人。月报旨在使大众知晓国际非洲协会所取得的进步。该报的创刊号出版于1879年7月,莫瓦尼埃担任该报的领导工作达十年之久,直到1889年12月。

然而他并不仅限于让自己手中的笔为比利时国王的殖民计划服务。在1883年7月1日的一封寄给国际法研究院成员的通函中,他重新提出了在刚果建立一项自由航行制度的设想。这一设想自那时起取得了进展。事实上,在1883年9月的慕尼黑会议时,研究院通过了一项建议针对刚果河及其支流实行自由航行原则的决议。

柏林大会在承认国际协会在刚果盆地拥有主权的同时,还制定了针对刚果河及其支流的自由航行制度,该制度在战时仍继续有效,刚果河在战时被置于完全中立的地位。这一制度在整个殖民时期一直得到了维持。

1887年7月9日,莫瓦尼埃在法兰西研究院的精神科学与政治科学院(他于一年前被任命为该院的通讯院士)进行了一次有关《从法律观点看刚果自由邦的建立》的演讲,他在演讲中颂扬了莱奥波德政府,并将刚果自由邦的建立描绘成一种公益行为,甚至像是一种对欧洲人此前对待非洲人的方式的"纠正"。

1890年5月22日,莱奥波德二世国王任命古斯塔夫·莫瓦尼埃为刚果自由邦驻瑞士总领事。这一职务既是对其服务的鸣谢,同时也从此保证了莫瓦尼埃的社会地位和通往外交界

古斯塔夫·莫瓦尼埃在他的壮年时期

的通道,而这一切是他的红十字国际委员会(一个由私人创办的机构)主席的职务所不能给予的。

莫瓦尼埃担任总领事一职达14年之久。1904年1月,他以健康原因为由,辞去了刚果自由邦驻瑞士总领事一职。他被任命为名誉总领事,并担任这一职务直至离世,尽管莱奥波德制度的暴行那时已被揭露,特别是经约瑟夫·孔哈之手。在他的小说《黑暗之心》中,这位航海家兼作家揭露了他作为"比利时之王"号海船副船长沿刚果航道逆流而上时所目击的暴行。

1908年10月,为终止莱奥波德制度的流弊所引起的公愤,比利时政府接管了刚果,自那时起的半个世纪里,刚果成为了比利时的殖民地。

对于古斯塔夫·莫瓦尼埃的传记作者们来说,他对比利时国王殖民计划的迷恋是一个让他们颇感尴尬的话题。事实上,即便莫瓦尼埃是受公益动机的引导——他在《被探索与教化的非洲》中采取的反奴隶制的立场使其被任命为英国及海外反奴隶制协会通讯会员——但他还是成为了一个野蛮而无情的剥削制度的宣传者。莱奥波德政府如此大规模地使用肉刑,假如这样的刑罚发生在比利时,必会令人愤慨。

出于为莫瓦尼埃辩白,我们可以援引这样一个事实,即他在刚果的自由航行制度中看到了他所热衷的国际主义的一项进步,在比利时的拓殖中看到了一种避免使刚果成为欧洲列强角逐的比武场、甚或是新的欧洲战争的起因的办法。他对莱奥波德二世宣称的人道主义及教化的目的深信不疑。然而,他确实以"教化使命"为托辞,用其道义的威望掩盖了一个最终演变成野蛮的剥削制度的殖民行径,该制度是与其以红十字国际委员会主席身份辩护的人道主义原则背道而驰的。我们不知道他是否曾经去过刚果当地。

一家之主,子孙满堂

如果说我们对莫瓦尼埃作为红十字国际委员会主席或国际法研究院的创立者所从事的活动了解清晰的话,相反地,对他自己最为珍视的私生活和家庭生活却知之甚少。

古斯塔夫与法妮·莫瓦尼埃生有五个孩子:阿道夫(生于1860年)、阿德里安-安德烈(1862年)、洛尔(1863年)、艾德美(1864年)和路易(1870年)。

其中三个孩子早亡,阿德里安-安德烈于九岁时、艾德美于十岁时,而路易刚出生便不幸夭折。毫无疑问,孩子们的夭亡使莫瓦尼埃夫妇深感痛苦。

作为长寿的代价,莫瓦尼埃还经历了目睹战友们相继离世的悲伤。在红十字国际委员会的创建成员当中,杜南于1867年被开除,莫努瓦医生于1869年去世,杜福尔将军于1875年去世,最忠诚的信徒阿皮亚医生也于1898年去世。

作为补偿,古斯塔夫与法妮·莫瓦尼埃高兴地看到他们的两个孩子长大成人并迈入婚姻殿堂。在1883年这同一年里,阿道夫·莫瓦尼埃迎娶了莉迪·博纳·德莫兰,而洛尔也嫁给

古斯塔夫·莫瓦尼埃和孙子雷纳尔德在莫瓦尼埃别墅的花园中

了阿德里安·佩罗。阿道夫与莉迪·莫瓦尼埃生有两个孩子：雷纳尔德和马塞尔，而洛尔与阿德里安·佩罗生有四个孩子：艾德美、古斯塔夫、莫里斯和艾丽斯[6]。

因此，当年龄与疾病迫使古斯塔夫·莫瓦尼埃放弃国际委员会主席的实际工作及其他活动时，他有幸在家庭环境中觅得庇护，他晚年生活的照片展现了这位子孙满堂的老人，在赛雪龙的美丽别墅或是在"恬静之乡"，习练着为人祖父的艺术。

此外，他献给自己的孩子们一本一百多页的名为《我的工作概况》的小册子，在册子里他记叙了自己的各类活动，以及为故乡、祖国和人类服务的誓言。

1910年8月21日，莫瓦尼埃在家人的环绕中辞世。他的妻子法尼，只比他多活了两年，于1912年去世。

---

[6]古斯塔夫·莫瓦尼埃的孙女马塞尔·莫瓦尼埃的名字是日内瓦人所熟知的，因为她创立了日内瓦木偶剧场，这是一个提线木偶剧场，其盛名已跨越了州界与国界并流传至今。关于这家小剧场里美妙演出的回忆始终铭刻在许多日内瓦人的记忆中。

尾声

古斯塔夫·莫瓦尼埃的人生轨迹是如此的令人震撼！没有他的行动,就不会有红十字会和《日内瓦公约》的问世。在40年的时间里,他——几乎独自一人——代表着红十字国际委员会,他在给予红十字会法定的和理论的基础使其得以发展方面的贡献超过任何一人。《日内瓦公约》几乎完全出自其笔下。他是国际法研究院的发起人和创建者之一。他为明确战争法规和惯例做出了贡献,应当算作国际刑事司法构想的先驱。

各国君主都授予他荣誉、奖章和勋章,藉此表达对其行动的敬意。此外,莫瓦尼埃似乎曾在他同时代的大人物那里寻求认可与嘉许,这是他所受的加尔文主义的教育所不允许自我给予的。

古斯塔夫·莫瓦尼埃与一位女士以及他的三个孙子、孙女在船上

我们于是就能理解为什么他始终无法接受第一个诺贝尔和平奖于1901年授予了亨利·杜南,可能他从这份给予一位于1867年破产之人的认可中感受到令其痛苦的羞辱。

在经历了30年的苦难、漂泊和痛苦之后,杜南获得了他最渴望得到的认可,如今他名扬天下。古斯塔夫·莫瓦尼埃的行动同样是决定性的,他在生前获得了名望以及诸多勋章和荣誉,但是他的名字却在其去世后很快被遗忘。

这就是一个过于平稳的一生、一个未被完全指明但却受到过于规律的发展进程影响的命运的代价吗?俯身于小古斯塔夫的摇篮的命运女神陪伴其整整一生。然而,历史只记得惨剧、暴行与悲剧。在历史的天平上,在索尔费里诺的伤员床边度过的三天,比起充满牺牲精神、坚韧不拔的艰苦工作和巧妙规划的一生份量更重些。

无论怎样,时间的推移应当能使我们在今天更好地评价两位的作为,他们性格相反但其中的互补性却催生了两个女儿,在他们离世后仍继续存在并为人类带来光荣:红十字会和《日内瓦公约》。

附录

简要年表
参考书目

简要年表

1826年9月21日	古斯塔夫·莫瓦尼埃出生于日内瓦,是雅克-安德烈·莫瓦尼埃与父姓德奥纳的洛尔·莫瓦尼埃的儿子。这对夫妇没有其他孩子。
1846年8月至10月	古斯塔夫·莫瓦尼埃在海德堡暂住,等待10月份大学开学。
1846年10月6日至9日	日内瓦激进党革命。贵族阶级与莫瓦尼埃所属的商业资产阶级被逐出政坛。因担心生命安全,雅克-安德烈·莫瓦尼埃前往阿纳西,后转去巴黎,古斯塔夫·莫瓦尼埃与父母在那里团聚。
1846-1850年	在巴黎学习法律。古斯塔夫·莫瓦尼

	埃充分享受巴黎的文化生活，特别是剧院，并拜访定居于巴黎的日内瓦家庭。他结识了银行家巴泰勒米·帕卡尔的女儿——法妮·帕卡尔。
1847年11月4日至29日	独立联盟战争。纪尧姆-亨利·杜福尔将军指挥联邦军队用三周的时间结束了分裂瑞士的内战，同时防止了欧洲列强的干预。
1849年8月4日	雅克-安德烈·莫瓦尼埃购买了位于临近日内瓦的费尔内（位于安省）的名为"恬静之乡"的地产。
1850年3月1日	古斯塔夫·莫瓦尼埃在巴黎进行了学士论文的答辩并获得了最高分。
1850年7月2日至3日	莫瓦尼埃在日内瓦进行题为《罗马法中的禁治产人》的论文答辩，并通过了允许他成为实习律师的考试。7月9日，他进行了就职宣誓，以实习律师的身份进入古戴&奥德乌事务所。
1850年12月29日	莫瓦尼埃成为一家负责为学徒找到师父的救援协会的会员。他很快成为协会秘书，随后又出任协会主席。
1851年6月14日	古斯塔夫·莫瓦尼埃与法尼·帕卡尔的婚礼在费尔内的一座基督教堂内举行。
1851年9月16日	古斯塔夫·莫瓦尼埃未等实习结束便离开古戴&奥德乌事务所，在一位认识的代理人那里担任法律顾问。

1854年夏季至秋季	古斯塔夫辞去了在里昂－日内瓦铁路公司的工作,以及在一家名为巴黎联盟的专做火险的保险公司里担任热克斯地区代表的工作。1854年后他再没有从事过任何有报酬的工作。
1855年2月15日	莫瓦尼埃被日内瓦公益会吸收为会员。他决定将自己的主要精力奉献给公益事业。
1856年9月15日至20日	莫瓦尼埃作为日内瓦公益会的代表参加了布鲁塞尔的国际公益大会。
1857年12月10日	莫瓦尼埃在31岁时当选为日内瓦公益会主席。
1858年	由莫瓦尼埃担任编辑的第一期《日内瓦公益会简报》面世。
1859年6月24日	索尔费里诺战役。
1860年9月26日	古斯塔夫与法妮·莫瓦尼埃的第一个孩子——阿道夫·莫瓦尼埃出生。
1862年11月	亨利·杜南的著作《索尔费里诺回忆录》出版。杜南赠送给古斯塔夫·莫瓦尼埃一本。
1862年12月	古斯塔夫·莫瓦尼埃与杜南取得联系。
1863年2月9日	莫瓦尼埃向日内瓦公益会提出了杜南的结论,并指出了一个界线清晰的目标:为将于同年9月在柏林召开的国际公益大会准备一份论文。协会决定为此成立一个负责起草工作的五人委员

	会：杜南、莫瓦尼埃、杜福尔将军、路易·阿皮亚医生和泰奥多尔·莫努瓦医生。这就是红十字国际委员会的起源。
1863年2月17日	"五人委员会"成立会议。委员会决定改建为国际常务委员会，并任命杜福尔将军为主席。
1863年9月1日	委员会发出了将于1863年10月26日至28日在日内瓦召开的大会的邀请。
1863年9月	杜南前往柏林参加国际统计学大会，此次大会的第四次分会用于研讨平民人口和军队人口中健康与死亡状况的统计比较。
1863年9月14日	古斯塔夫与法妮·莫瓦尼埃的第一个女儿——洛尔·莫瓦尼埃出生。
1863年9月15日	得到了国际统计学大会的支持，杜南在没有征求同事们意见的情况下，以国际委员会的名义发出了补充1863年9月1日通函的新版通函，添加了军队医务部门的中立化问题，扩展了会议内容。
1863年10月1日	瑞士统计协会在日内瓦成立。莫瓦尼埃当选主席。
1863年10月26日至29日	1863年10月的成立大会。在杜福尔将军开幕致辞后，由莫瓦尼埃阐述委员会的提案，并主持了会议。此次大会

	通过了为后来的红十字会奠定基础的十项决议,以及三条针对各国政府的建议。
1864年3月13日	莫瓦尼埃当选红十字国际委员会主席,杜福尔将军任名誉主席,而杜南则继续担任委员会秘书。
1864年8月8日至22日	外交大会。杜福尔将军、勒曼医生和古斯塔夫·莫瓦尼埃作为瑞士全权代表参加了会议。杜福尔担任大会主席。大会将日内瓦委员会、主要是莫瓦尼埃准备的公约草案作为磋商的基础。第一个《日内瓦公约》签署于1864年8月22日。
1867年2月25日	日内瓦信贷银行破产。杜南是该银行的董事之一。
1867年4月	古斯塔夫·莫瓦尼埃与路易·阿皮亚的著作《战争与公益》出版。
1867年8月26日至31日	第一届国际伤兵救护协会大会。莫瓦尼埃当选会议副主席。面对法国中央委员会代表布雷达伯爵的攻击,他捍卫了日内瓦委员会的立场。
1867年9月6日	委员会会议(身处巴黎的亨利·杜南未出席):杜南被委员会除名。
1868年1月	莫瓦尼埃是巴黎和平同盟创建成员。
1869年4月22日至27日	第二届国际伤兵救护协会大会在柏林召开。莫瓦尼埃当选会议副主席。

1869年10月	第一期《红十字国际评论》面世。《评论》每年发行四期。莫瓦尼埃担任主编。
1870年7月15日	法国向普鲁士宣战。
1870年7月18日至22日	通过1870年7月18日和22日的通函,红十字国际委员会宣布国际伤兵救护所开始运行。
1870年11月22日	国际战俘救护委员会在巴塞尔成立,以绿色十字为其标志。
1870年12月13日	古斯塔夫·莫瓦尼埃的侄子——古斯塔夫·阿道尔当选红十字国际委员会会员。他于1871年成为委员会秘书,后于1888年当选副主席。
1872年3月16日	在一封写给各国中央委员会的通函中,莫瓦尼埃提出伤兵救护协会应有统一名称,以荷兰的协会为例,其采用的名称是荷兰红十字会。
1872年9月14日	审理阿拉巴马号案件的法庭作出判决。
1872年11月	莫瓦尼埃提议成立一个汇集最知名的国际法专家的常设机构。
1873年9月8日至10日	国际法研究院的创建者们汇聚在根特,通过了新机构的章程。
1876年9月12日	莱奥波德二世国王在布鲁塞尔召集了一次由最著名的非洲学学者参加的大会,并向他们提交了一份有关"非洲探索与教化国际协会"的草案。

1877年4月23日至24日	日内瓦地理协会创建了"瑞士国家探索与教化中非委员会"。
1877年6月18日至23日	国际非洲协会第一次会议在布鲁塞尔召开,莫瓦尼埃以"瑞士国家探索与教化中非委员会"代表的身份参加。
1877年	亨利·莫顿·斯坦利沿着刚果航道从印度洋穿过非洲大陆抵达大西洋海岸。
1879年7月5日	《被探索与教化的非洲》创刊号面世。莫瓦尼埃担任了十年该报的领导工作。
1880年9月6日至10日	国际法研究院在牛津召开会议,通过了由古斯塔夫·莫瓦尼埃起草的《陆战法规手册》。
1882年6月	莫瓦尼埃发表了《红十字,它的过去与未来》。
1883年	古斯塔夫和法妮·莫瓦尼埃的两个孩子分别结婚:阿道夫·莫瓦尼埃迎娶了莉迪·博纳·德莫兰,洛尔·莫瓦尼埃嫁给了阿德里安·佩罗。
1883年9月4日至8日	国际法研究院在慕尼黑召开会议。研究院对莫瓦尼埃的提议给予了答复,建议将自由航行原则应用于刚果河及其支流。
1884年9月1日至6日	由古斯塔夫·莫瓦尼埃主动发起并主持的第三届国际红十字大会于日内瓦

	召开。
1885年2月23日至26日	柏林大会：巧妙地玩弄着德国、英国和法国之间的竞争关系，莱奥波德二世获得了对国际协会在刚果盆地拥有主权的确认。会议讨论通过了刚果河及其支流的自由航行制度。
1885年5月29日	莱奥波德二世宣告刚果自由邦的成立。
1886年4月17日	古斯塔夫·莫瓦尼埃被任命为"英国及海外反奴隶制协会"通讯院士，因其在《被探索与教化的非洲》中采取了反奴隶制的立场。
1886年6月12日	古斯塔夫·莫瓦尼埃被任命为法兰西研究院的精神科学与政治科学院通讯院士。
1887年7月9日	莫瓦尼埃在法兰西研究院进行了一次题为《从法律观点看刚果自由邦的建立》的演讲。
1887年9月22日至27日	第四届国际红十字大会在卡尔斯鲁厄召开。莫瓦尼埃被任命为名誉主席。大会最终明确了红十字国际委员会的权责与权限。
1889年12月	古斯塔夫·莫瓦尼埃让出了对《被探索与教化的非洲》的领导工作。
1890年5月22日	莱奥波德二世国王任命古斯塔夫·莫瓦尼埃为刚果自由邦驻瑞士总领事。
1895年1月	国际法研究院第六届委员会关于在

	《日内瓦公约》中增加刑事处分的报告发表，该报告由古斯塔夫·莫瓦尼埃与爱德华·恩格哈特撰写。
1898年6月23日	古斯塔夫·莫瓦尼埃的《关于修订〈日内瓦公约〉的研究》发表。
1898年10月11日	为减轻古斯塔夫·莫瓦尼的工作量，红十字国际委员会任命了一位名叫保尔·戴古特的秘书，并由他特别负责《评论》的工作。在此之前，莫瓦尼埃一人负责几乎所有的工作。
1901年12月10日	第一个诺贝尔和平奖同时授予了亨利·杜南和弗里德里克·帕西。
1902年3月18日	古斯塔夫·莫瓦尼埃升到法兰西研究院的精神科学与政治科学院外籍合作院士的显要职位。
1904年1月11日	古斯塔夫·莫瓦尼埃以健康原因为由，辞去刚果自由邦驻瑞士总领事一职。他被任命为名誉总领事，并担任这一职务直至离世。
1904年3月14日	古斯塔夫·阿道尔担任红十字国际委员会执行主席，莫瓦尼埃则为"终身主席"。
1906年6月11日至7月6日	《日内瓦公约》修订会议。莫瓦尼埃当选名誉主席。
1910年8月21日	古斯塔夫·莫瓦尼埃去世。

参考书目

已发表的资料来源

1863年10月26、27、28和29日在日内瓦召开的、旨在研究补充战地武装部队中医疗服务不足的方法的国际大会的报告。(摘自日内瓦公益会第24期《公报》),日内瓦,Jules-Guillaume Fick印刷厂,1863年,150页。

Compte rendu de la Conférence internationale réunie à Genève les 26,27,28 et 29 octobre 1863 pour étudier les moyens de pourvoir à l'insuffisance du service sanitaire dans les armée s en campagne (Extrait du Bulletin N°24 de la Société genevoise d'Utilité publique)

1864年8月8日至22日在日内瓦召开的关于战场上军队医务部门的中立化的国际大会的报告。红十字国际委员会图书馆的真迹复制件，转载于德马唐斯的《新版条约总集》，第二十卷，375至399页，和《红十字国际期刊》，第425期，1954年5月，416-423页；第426期，1954年6月，483至498页；第427期，1954年7月，573至586页。

Compte rendu de la Conférence internationale pour la Neutralisation du Service de Santé militaire en Campagne, réunie à Genève du 8 au 22 août 1864.

1867年于巴黎召开的陆海军伤兵救护协会国际大会，第二版，巴黎，代表常务委员会和 Baillière & Fils 印刷厂，1867年，372页和286页。

Conférences internationales des Sociétés de Secours aux Blessés militaires des Armées de Terre et de Mer, tenues à Paris en 1867.

1869年4月22日至27日在柏林由《日内瓦公约》签约国代表和伤病军人救护协会与联盟代表参加的国际大会的工作报告，柏林，J.-F.Starcke印刷厂，1869年，488页。

Compte rendu des Travaux de la Conférence internationale tenue à Berlin du 22 au 27 avril 1869 par les Délégués des Gouvernements signataires de la Convention de Genève et des Sociétés et Associations de

Secours aux Militaires blessés et malades.

《1870年战争中的救护协会》,《伤兵救护协会国际公报》第5期,1870年10月,1至13页。
« Les Sociétés de Secours pendant la guerre de 1870 », Bulletin international des Sociétés de Secours aux Militaires blessés.

国际伤兵救护所报告,日内瓦,Soullier & Wirth印刷厂,1870-1871年,466页。
Rapports de l'Agence internationale de Secours aux Militaires blessés.

巴塞尔国际战俘救护委员会报告(1870-1871),巴塞尔,G.A.Bonfantini印刷厂,1871年,113页加附录。
Rapport du Comité international de Bâle pour les Secours aux Prisonniers de Guerre (1870-1871)

国际伤兵救护委员会会刊,日内瓦,Soullier & Wirth印刷厂,1871年,260页。
Actes du Comité international de Secours aux Militaires blessés.

《〈日内瓦公约〉在塞尔维亚战争时期的遭遇》,《红十字国际评论》,第28期,1876年10月,164至176页。

« Les destinées de la Convention de Genève pendant la guerre de Serbie », Bulletin international des Sociétés de la Croix-Rouge.

1863年至1884年的红十字国际委员会,日内瓦,Soullier印刷厂,1884年,46页。
Le Comité international de la Croix-Rouge de 1863 à 1884.

1884年9月1日至6日在日内瓦召开的第三届红十字会国际大会报告,日内瓦,红十字国际委员会,1885年,第十九卷444页。
Troisième Conférence internationale des Sociétés de la Croix-Rouge tenue à Genève du 1er au 6 septembre 1884.

国际委员会的职责以及各红十字中央委员会之间的关系,国际委员会在1887年于卡尔斯鲁厄召开的红十字会国际大会上所做的报告,日内瓦,红十字国际委员会,1887年,24页。
Du rôle du Comité international et des relations des Comités centraux de la Croix-Rouge, CICR.

1887年9月22日至27日在卡尔斯鲁厄召开的第四届红十字会国际大会的报告,柏林,德国红十字会中央委员会,1887年,第七卷154页。
Quatrième Conférence internationale des Sociétés de la

Croix-Rouge tenue à Carlsruhe du 22 au 27 septembre 1887.

1884年至1892年的红十字国际委员会，日内瓦，红十字国际委员会，1892年，28页。
Le Comité international de la Croix-Rouge de 1884 à 1892.

《红十字国际委员会在〈日内瓦公约〉历史上的参与工作》，《红十字国际评论》，第123期，1900年7月，136至147页；第124期，1900年10月，208至225页。
« La part du Comité international de la Croix-Rouge dans l'histoire de la Convention de Genève », Bulletin international des Sociétés de la Croix-Rouge.

1892年至1902年的红十字国际委员会，日内瓦，红十字国际委员会，1902年，24页。
Le Comité international de la Croix-Rouge de 1892 à 1902.

红十字国际委员会历届会议记录，1863年2月17日至1914年8月28日，在卡洛琳娜·巴赫内和弗朗索瓦兹·杜博松的协助下由让-弗朗索瓦·皮特鲁出版，日内瓦，红十字国际委员会和亨利·杜南协会，1999年,858页。
Procès-verbaux des séances du Comité international de

la Croix-Rouge, 17 février 1863-28 août 1914 .

古斯塔夫·莫瓦尼埃的主要著作

古斯塔夫·莫瓦尼埃,《关于罗马法中的禁治产人的一般概念》,论文,日内瓦,Jules-Guillaume Fick印刷厂,1850年,44页。

Gustave MOYNIER, Notions générales sur les interdits en droit romain.

古斯塔夫·莫瓦尼埃,《使徒保罗的圣经传记》,洛桑,George Bridel,1859年,127页。

Gustave MOYNIER, Biographie biblique de l'Apôtre Paul.

古斯塔夫·莫瓦尼埃和路易·阿皮亚,《战争与公益,应用于战地武装部队的关于公益的理论与实践论著》,日内瓦和巴黎,Cherbuliez书店,1867年,402页。

Gustave MOYNIER et Louis APPIA, La guerre et la charité, Traité théorique et pratique de philanthropie appliquée aux armées en campagne.

古斯塔夫·莫瓦尼埃,《伤兵与军队医务部门的中立化》,圣-日耳曼,L.Toinon & Cie印刷厂,1867年4月,120页。

Gustave MOYNIER, La neutralité des militaires blessés et du service de santé des armées.

古斯塔夫·莫瓦尼埃,《关于〈日内瓦公约〉的研究》,巴黎,Joël Cherbuliez,1870年,376页。

Gustave MOYNIER, Etude sur la Convention de Genève.

古斯塔夫·莫瓦尼埃,《关于建立适于预防和制止违反〈日内瓦公约〉行为的国际司法机构的说明》,《红十字国际评论》,第11期,1872年4月,122至131页(单行本,日内瓦,Soullier & Wirth印刷厂,1872年,12页)。

Gustave MOYNIER, « Note sur la création d'une institution judiciaire internationale propre à prévenir et à réprimer les infractions à la Convention de Genève », Bulletin international des Sociétés de la Croix-Rouge.

古斯塔夫·莫瓦尼埃,《普法战争时期的〈日内瓦公约〉》,日内瓦,Soullier & Wirth印刷厂,1873年,59页(选印自《国际评论》,第14期,1873年1月,51至70页;第15期,1873年4月,104至137页)。

Gustave MOYNIER, La Convention de Genève pendant la guerre franco-allemande.

古斯塔夫·莫瓦尼埃,《红十字的第一个十年》,《国际评论》,第16期,1873年7月,165至243页。

Gustave MOYNIER, « Les dix premières années de la Croix-Rouge », Bulletin international.

古斯塔夫·莫瓦尼埃，《什么是红十字》，《国际评论》，第21期，1875年1月，1至8页（单行本，日内瓦，B.Soullier 印刷厂，1874年，23页）。

Gustave MOYNIER, « Ce que c'est que la Croix-Rouge », Bulletin international.

古斯塔夫·莫瓦尼埃，国际大会。卫生－救生－社会经济。关于第二次分会的第七个问题的报告：《伤兵救护协会联盟》，s.l.n.d,[1876]12页。

Gustave MOYNIER, Congrès international. Hygiène-Sauvetage-Economie sociale.

《陆战法规手册》，国际法研究会于1880年9月9日通过（牛津会议），《国际法研究会年鉴》，第五卷（1881－1882），156至74页；《武装冲突法，公约、决议与其他文献合集》，文献搜集与评注工作由迪特里希·申德勒与伊里·托曼完成，日内瓦，红十字国际委员会和亨利·杜南研究院，1996年，33至47页。

« Manuel des lois de la guerre sur terre ».

古斯塔夫·莫瓦尼埃，《红十字，它的过去与未来》，巴黎，Sandoz et Thuillier,1882年，288页。

Gustave MOYNIER, La Croix-Rouge, Son Passé et son Avenir.

古斯塔夫·莫瓦尼埃,《国际法研究院面前的刚果问题》,《国际法研究院年鉴》,第七卷,1883年,250至274页。

Gustave MOYNIER, « La question du Congo devant l'Institut de Droit international », Annuaire de l'Institut de Droit international.

古斯塔夫·莫瓦尼埃,《关于几件近期有关〈日内瓦公约〉的事件》,《国际法与司法比较杂志》,第十八卷,1886年,545至562页。

Gustave MOYNIER, « De quelques faits récents relatifs à la Convention de Genève », Revue de Droit international et de Législation comparée.

古斯塔夫·莫瓦尼埃,《从法律观点看刚果自由邦的建立》,《法兰西研究院精神科学与政治科学院的会议与工作》,第一百二十八卷,1887年,460至497页。

Gustave MOYNIER, « La fondation de l'Etat indépendant du Congo au point de vue juridique », Séances et Travaux de l'Académie des sciences morales et politiques de l'Institut de France.

古斯塔夫·莫瓦尼埃,《红十字取得成功的原因》,巴黎,Alphonse Picard,1888年,22页。

Gustave MOYNIER, Les causes du succès de la Croix-

Rouge.

古斯塔夫·莫瓦尼埃,《关于在〈日内瓦公约〉中增加刑事处分的论述》,洛桑,F.Regamey印刷厂,1893年,33页。
Gustave MOYNIER, Considérations sur la sanction pénale à donner à la Convention de Genève.

古斯塔夫·莫瓦尼埃,《关于战争法规的一般特征的短评》,日内瓦,Ch. Eggimann,1896年,123页(《法兰西研究院精神科学与政治科学院的会议与工作》,第一百四十四卷,667至697页和828至849页)。
Gustave MOYNIER, Essais sur les caractères généraux des lois de la guerre.

古斯塔夫·莫瓦尼埃与爱德华·恩格哈特,《应在〈日内瓦公约〉中增加的刑事处分》,古斯塔夫·莫瓦尼埃与爱德华·恩格哈特先生的报告,《国际法研究院年鉴》,第十四卷,1895年,剑桥会议,17至31页。
Gustave MOYNIER et Edouard ENGELHARDT, « De la sanction pénale à donner à la Convention de Genève », Annuaire de l'Institut de Droit international.

古斯塔夫·莫瓦尼埃,《关于红十字的基本知识》,日内瓦,Georg,1896年,53页。
Gustave MOYNIER, Notions essentielles sur la Croix-

Rouge.

古斯塔夫·莫瓦尼埃,《〈日内瓦公约〉的修订,历史研究与考证随附公约修改草案》,日内瓦,红十字国际委员会,1898年,64页。

Gustave MOYNIER, La révision de la Convention de Genève. Etude historique et critique suivie d'un projet de Convention révisée.

古斯塔夫·莫瓦尼埃,《从宗教观点看〈日内瓦公约〉》,Dole, Typ.L.Bernin,s.d.,10页(摘自《基督教杂志》,1899年9月)

Gustave MOYNIER, La Convention de Genève au point de vue religieux, Revue Chrétienne.

古斯塔夫·莫瓦尼埃,《红十字国际委员会在〈日内瓦公约〉的历史上参与的工作》,日内瓦,Soullier印刷厂,1900年,40页。

Gustave MOYNIER, La part du Comité international de la Croix-Rouge dans l'histoire de la Convention de Genève.

古斯塔夫·莫瓦尼埃,《红十字会的国际大会》,日内瓦,Soullier印刷厂,1901年,73页。

Gustave MOYNIER, Les Conférences internationales des Sociétés de la Croix-Rouge.

古斯塔夫·莫瓦尼埃,《红十字的成立》,日内瓦,Soullier 印刷厂,1903年,35页。

Gustave MOYNIER, La fondation de la Croix-Rouge.

古斯塔夫·莫瓦尼埃,《红十字国际委员会的第一个四十年(1863~1904)在日内瓦开展活动的简短回顾,1904年10月17日递交委员会》,日内瓦,红十字国际委员会,1905年,126页。

Gustave MOYNIER, Rappel succinct de l'activité déployée par le Comité international de la Croix-Rouge à Genève pendant les quarante premières années de son existence.

古斯塔夫·莫瓦尼埃,《我的工作时光》,日内瓦,印刷总公司,1907年,93页。

Gustave MOYNIER, Mes heures de travail.

古斯塔夫·莫瓦尼埃,《我的工作概述》,1850~1902,打字文本,1903年,119页。

Gustave MOYNIER, Aperçu de mes travaux.

古斯塔夫·莫瓦尼埃,《1909年3月7日落成的尚佩尔小博物馆目录,该博物馆使大众了解到自1863年至1909年国际委员会第一任主席代表红十字会受到的勉励》,日内瓦,Soullier 印刷厂,1909年,39页。

Gustave MOYNIER, Catalogue du petit musée de Champel inauguré le 7 mars 1909 et faisant connaître les encouragements que la Croix-Rouge a reçus en la personne du premier Président de son Comité international de 1863 à 1909.

有关古斯塔夫·莫瓦尼埃或红十字历史的著作与文章

皮埃尔·布瓦西埃,《红十字国际委员会历史,从索尔费里诺到对马岛》,巴黎,Plon,1963年,512页(通过摄影制版方式再版,日内瓦,亨利·杜南研究院,1978年)。
Pierre BOISSIER, Histoire du Comité international de la Croix-Rouge, De Solferino à Tsoushima.

贝尔纳·布维埃,《古斯塔夫·莫瓦尼埃》,日内瓦,《日内瓦日报》印刷厂,1918年,60页。
Bernard BOUVIER, Gustave Moynier.

让·德塞纳科朗,《创建者——古斯塔夫·莫瓦尼埃》,日内瓦,Slatkine 出版社,2000年,357页。
Jean DE SENARCLENS, Gustave Moynier, Le bâtisseur.

安德烈·迪朗,《关于由古斯塔夫·莫瓦尼埃起草的红十字方针的几点意见》,《关于国际人道法和红十字方针的研究与评论,为了纪念让·毕可泰》,由Christophe SWINARSKI出版，日内瓦，红十字国际委员会，和海牙，Martinus Nijhoff Publishers，1984年，861-873页。

André DURAND, « Quelques remarques sur l'élaboration des principes de la Croix-Rouge chez Gustave Moynier », Etudes et essais sur le droit international humanitaire et sur les principes de la Croix-Rouge en l'honneur de Jean Pictet.

安德烈·迪朗，《古斯塔夫·莫瓦尼埃参与的国际法研究院的组建工作（1873年），巴尔干半岛战争（1875-1878年），战争法规手册（1880年）》，《红十字国际期刊》，第810期，1994年11月-12月，584至606页。

André DURAND, « La participation de Gustave Moynier à la fondation de l'Institut de droit international (1873), La guerre des Balkans (1875-1878), Le Manuel des Lois de la Guerre (1880) », Revue internationale de la Croix-Rouge.

安德烈·迪朗，《古斯塔夫·莫瓦尼埃与和平协会》，《红十字国际期刊》，第821期，1996年9月-10月，575至594页。

André DURAND, « Gustave Moynier et les sociétés de la Paix », Revue internationale de la Croix-Rouge.

安德烈·迪朗，《第一届诺贝尔和平奖（1901年）：亨利·杜南，古斯塔夫·莫瓦尼埃和红十字国际委员会的候选人资格》,《红十字国际期刊》,第842期,2001年6月,275至285页。

André DURAND, « Le premier prix Nobel de la Paix (1901) : Candidatures d'Henry Dunant, de Gustave Moynier et du Comité international de la Croix-Rouge », Revue internationale de la Croix-Rouge.

安德烈·迪朗,《古斯塔夫·莫瓦尼埃》,手写本,1999年3月。保存于红十字国际委员会档案室。
André DURAND, Gustave Moynier.

亚力克西·弗朗索瓦,《红十字的摇篮》,日内瓦,Jullien书店,和巴黎,Edouard Champion书店,1918年,336页。
Alexis FRANCOIS, Le Berceau de la Croix-Rouge.

维洛尼克·阿鲁埃尔,《国际刑事司法的起源：莫瓦尼埃的思想》,《法国及外国法律历史期刊》,第77年,第一期,1999年1月至3月,71-83页。
Véronique HAROUEL, « Aux origines de la justice pénale internationale : la pensée de Moynier », Revue historique de droit français et étranger.

维洛尼克·阿鲁埃尔,《日内瓦-巴黎,1863-1918：在建中的人道法》,日内瓦,亨利·杜南协会,红十字国际委员会,法国红十字会,2003年,819页。

Véronique HAROUEL, Genève-Paris, 1863-1918: Le droit humanitaire en construction.

吕埃泰,《以历史、评论和教义的观点看〈日内瓦公约〉》,在红十字国际委员会的关心下译自德语版的著作,Erlangen, Edouard Besold, 1876年, 414页。

C.LUEDER, La Convention de Genève au point de vue historique, critique et dogmatique.

后记

在纪念亨利·杜南与古斯塔夫·莫瓦尼埃逝世一百周年（1910-2010）之际，由这两位红十字主要创始人的后人及历史学家们组织创立了"亨利·杜南－古斯塔夫·莫瓦尼埃"协会。该协会旨在追念两位人道主义伟人相互交错、堪称典范的人生际遇，一位在离世后作为红十字在全世界的象征而闻名于世，另一位（古斯塔夫·莫瓦尼埃）却几乎完全被公众遗忘，虽然在四十余年的时间里他曾作为红十字国际委员会主席而令人赞赏，荣誉加身。于是，2010年在日内瓦举行了一系列的重要活动，其中主要包括在国际红十字和红新月博物馆中举办的专题展览、一次历史研讨会以及两本相互关联的传记——一本是关于亨利·杜南的（由罗歇·迪朗撰写，也将出版中文版），另外还有关于古斯塔夫·莫瓦尼埃的此本传记。

2010年11月,一个完全不在本次系列活动计划之内的中国上海、青岛、杭州之行,成为了协会本年度的重点之一。多亏了上海的曹嵩生先生,协会的三位成员经历了一次激情之旅,在旅途中他们参观了中国红十字会的一些地方分会和学校,宣讲了红十字的起源,解释了他们与红十字创始人之间的直接亲族关系。实际上,贝尔纳·杜南是亨利·杜南的一位侄子的孙子。他此行由夫人莫尼克·杜南－德迪陪同。至于奥利维埃－让·杜南,他并不是亨利·杜南的直系后裔,而是因为母亲的血缘,成为了古斯塔夫·莫瓦尼埃的玄孙。在中国良师益友的陪同下,三位伙伴到处受到了热情的接待以及与全权代表相称的礼遇,尽管他们并不是!

"亨利·杜南－古斯塔夫·莫瓦尼埃(1910-1920)"协会如今已经完成了其使命,由"日内瓦人道研究中心"接替,特别是接管了关于两位伟人的两本传记的外文版(包括中文版在内)出版协调工作。日内瓦的弗朗索瓦·比尼翁先生作为作者以及原版法文版的出版人(日内瓦 Slatkine 出版社)欣然出让了此书中文版在中国发行的权益。

对于接替前协会的"日内瓦人道研究中心"来说,看到其作品之一在中国出版,看到在其成员中有一位中国通讯员想让他的同胞们更好地了解国际红十字和红新月运动的起源及其创始人,对此感到非常荣幸。我们在当地看到了这一高尚的国际性运动在上海、杭州以及青岛(本传记中文版翻译工作得以实现的城市)的人民的生活中以及心目中具有何等的重要性。我们感谢曹嵩生先生以及中文版译者晓亚·杜博礼女士。

奥利维埃－让·杜南

(作者系古斯塔夫·莫瓦尼埃后裔、"日内瓦人道研究中心"副主任)

译后记

一种情怀的绽放

译者之于原著,犹如寻爱的恋人,所有的姻缘早已悄然注定,无论你知或不知。

2010年的初夏,在一次文人聚会上,我巧遇李然女士。因座位相邻,便交谈起来。那是位优雅、沉静的女性,如幽谷百合淡然自在地香着,不雕饰,不张扬。但当她谈起人道主义的话题时,她那满目的热情和光彩却让我看到了一种情怀的绽放,激越而动人。

于是,几个月后的那个初雪的夜晚,当她在电话的另一端以青岛红会负责人的身份力邀我进行红十字创始人的系列传记翻译工作时,我欣然应允。或许那一刻,内心里也向往着那绽放的美丽。

一炷檀香,一盏清茶,和着悠长的月光,把玩宝物一般细细打量着两本薄薄的传记。封面上是两张陌生的面孔,一位是作为红十字运动的构想者而被誉为"国际红十字之父"的亨利·杜南;另一位是实际的践行者和掌权长达40年的第一任主席古斯塔夫·莫瓦尼埃。

通读之下,我不禁以感激之心来赞美1862年12月两个伟人的聚首,因为他们的完美互补、并肩战斗,才催生了两个为人类带来荣耀的女儿:红十字会和国际人道法。无论当初两人之间有过怎样的磨合,决裂之后又有过怎样的爱恨交织的对抗,都不能否认那段共处的日子的美好以及强大的创造力与生命力。所以,我怀着同样的感佩之情来揣想和怀念这对朋友与对手,这一对不可分割的为父为母之人。

传记里,风云跌宕的历史背景下,两条相互交织而又命运迥异的人生轨迹彼此纠缠着、印证着,诠释着人性的真实与伟大。当我看到,那个因宗教成绩出众而在中学时代连续三年获奖的杜南,参与创建了至今盛行全球的基督教青年会联盟;那个因古典人文科学成绩不足而未能中学毕业的杜南,日后竟写出了感动整个欧洲乃至世界的堪称经典的《索尔费里诺回忆录》,参加了《国际世界文丛》的创办工作;那个曾由衷地赞美过拿破仑三世的利剑与军队之神的杜南,在其人生晚期为和平而战并最终作为第一届诺贝尔和平奖得主而被世人铭记;那个关心地方民众疾苦、一心希望通过对社会问题的调研寻求科学的解决之道的莫瓦尼埃,竟因此迈入了一门新的科学——社会学,并成为了辅助于社会学与社会科学的统计学的创始人之一且出任了瑞士统计学协会的第一任主席;这位第一个《日内瓦公约》的撰写者,为有效地预防战争以及减少战争带给人类的伤害,日后作为国际法研究院的创始成员,为国际公法的发展以及国际刑事司法的开拓做出了巨大的贡献……我在想,生命随时会有奇迹发生,人生的风景有许多的峰回路转、别有洞天,当我们自爱自重、达己达人,一颗爱与奉献之心便会引领我们不断超越、不断升华,我们的生命便有了意义。

在迪朗先生的笔下,岁月如诗,且行且吟;生命如歌,一唱三叹。寥寥数语间,青春的热忱、人性的执迷、理想的光辉、暗夜的凄惶都跃然纸上,我行吟于杜南生命的岁月流连忘返。在伟人的身上,我看到了人皆有之的苦痛与挣扎、脆弱与无助,也看到了人皆有之、纯净而又高贵的人道主义情怀。

杜南是红十字会的象征,更是志愿者的代表。当他在索尔费里诺战役后尸横遍野的战场上偶然经过,自觉地由旅游者变身救护员时,他就在不觉中向当代以及后世的千千万万的人们诠释了"志愿者"的含义。那是对人类苦难的高度敏感,是生命对生命的关切,是"汝之痛乃吾之痛"的感同身受,是"汝之愈乃吾之愈"的互为一体。这份人道主义情怀是如此彻底、如此广博,以至于超越一切局限与束缚:在那个只有军官才可得到战地救护的时代,杜南超越社会地位的局限,让普通伤兵也平等地得到同样的救护;在那个妇女只可触碰丈夫之身的时代,杜南超越文化的局限,让女性之手把生之希望倾注给一具饱受战火摧残的男性躯体;在那个国家的纷争、宗教的纷争激烈不断的时代,杜南超越了国籍与宗教信仰的局限,把同样的安慰带给每一个在生死之间挣扎的、渴望慰藉的心灵。一句"大家都是弟兄!"多么简单,又是多么伟大,它唤醒了人之所以为人的那份纯粹而强大的人道主义力量。此外,杜南还以其天才的创新精神为志愿者们做出了榜样:"在三天的时间里,他发现了或者说是发明了红十字会之汤的所有配料"。他从整体上构想了人道主义举措,又与莫瓦尼埃等同仁将人道主义各元素组织在一个结构严密的整体之中。

与迪朗先生意象变换快、三两词即可成句的灵动文风相比,比尼翁先生的文风更加沉稳,往往数行文字为一句,但逻辑结构清晰、遣词造句精准。翔实的史料、丰富的引证,让我在莫瓦尼埃所完成的大量细致的工作中,感受到那份几十年如一日的不平凡的坚持与坚韧、默默耕耘、矢志不渝。

每个生命来到世间,都有其各自的使命。对于莫瓦尼埃来说,公益事业便是他的人生使命。1853年,他在致好友的信中写道:"既然我的动机和出发点是做个有益于祖国和同胞的人,既然我十分幸运地不需要靠艰苦劳动谋生,那么,唯一让我迟疑的就是如何选择达成此目标的最好方式。……我选择了公益团体。"从此,27岁的他义无反顾地走上为故乡、祖国和人类服务的道路。于是,我便可以理解,为什么他从1854年的秋天起"便再也没有从事过以赚取报酬为目的的工作",为什么他对日内瓦公益会活动的领导时间持续了近30年,为什么他在担任红十字国际委员会主席的40年里指挥着一切并完成所有主要工作,为什么在红十字会及后来的国际法研究院创立后,有着国际主义视野的他依旧关心着日内瓦——他亲爱的小城邦里普通民众的生活状态,并继续着大量社会调研寻求社会问题的解决之道。

而对于杜南来说,主日课的学习当是其使命感觉醒与确立的时期——"作见证,传福音,救助不幸的人;这是上帝赋予的一项在人间的使命。"于是,我看到那个置自己的生意不顾的杜南在伤员的床边不眠不休,那个终身未婚、膝下无子的杜南创建了绿十字会以期保护世上所有的妇女与儿童,那个补丁缀衣、生活窘迫的杜南在关心着如何解放黑奴、如何保护战俘,那个在暗夜中受迫害妄想症无情折磨的杜南在为世界的和平大声呼吁,那个年迈的杜南在潜心研读《启示录》,以期"将自己根据《圣经》的预言描绘出的人类未来告知同时代的人们"。伴随阅读而生的不仅是感动,还有一份连结内心的自省、一份人生意义的启迪、一粒人道种子的萌芽、一份不竭力量的源泉。

作为一名译者,我在一场未及多想便匆匆允诺的结合后恋爱了,如恋爱中的情人一般迫切地希望了解对方的一切。就这样,出于对伟人的景仰以及对作者的敬重,同时也为更好地进行翻译工作,我在中国红十字老前辈曹嵩生教授的悉心安排下,与先生安德烈一起专程赶赴日内瓦,有幸见到了古斯塔夫·莫瓦尼埃的玄孙奥利维埃-让·杜南先生、亨利·杜南的弟弟——达尼埃尔·杜南的曾孙贝尔纳先生及夫人莫尼克·杜南-德迪,《亨利·杜南》传记的作者罗歇·迪朗先生以及《古斯塔夫·莫瓦尼埃》的传记作者弗朗索瓦·比尼翁先生。

那是一个令人难忘的日子,严肃而深入的学术探讨持续了一整天。

在与两位作者的交谈过程中,我在他们侃侃而谈的热情和熠熠闪光的眼神中看到了爱。一定是因为爱的彻底才能坦然接受主人公的一切,才会甘愿用手中之笔,通过一篇又一篇的文章让他们重生。在谈到主人公的伟大思想时,他们表现出由衷的敬仰和赞叹;而在谈到主人公的缺点、错误与迷失时,他们共同地表现出一种坦然与淡定,仿佛在讲述自己的亲人、朋友抑或师长,而绝不是被推上神坛的圣人。迪朗先生说,正因为杜南有着这样或那样的缺点,他才愈加令人敬佩,因为他有着人类的一切缺点和弱点,他也会被现实生活所诱惑或压迫,但是终其一生,他从未放弃过自己,放弃过使命,而是不断超越自己,他的超越不是靠武力,不是靠征服,而是靠一颗服务于他人的心。所以,他是我们的榜样。无论有着怎样的社会地位和生活境遇,相信每一个人的心中都有这样的一个杜南,一个不断追求美好生活、一个爱他人如同爱自己的充满人道主义温情的杜南。而比尼翁先生最强调的就是"公正、中立、独立"的精神,对人类正在经受的以及未来可能遭受的灾难的高度敏感,对预防和缓解人类苦难的措施的不断创新。在内心中,永远把自己定位为一名人道主义的志愿者,而不是一个既有机构的公务员。"他说,志愿者是一个光荣的名字,是一份觉醒的使命感,是一种人性的归属,是一份需要不断回归的利他之心。

那一日,在餐桌上,当奥利维埃终于知道,他自小就很崇拜的日内瓦童子军的总教头竟是比尼翁的母亲时;当我的先生告诉贝尔纳,他来自于一个法国的小城,那座城市的名字在布列塔尼语中叫作"小十字",而城市的纹章自中世纪以来就一直是一个"白底红十字"时;当迪朗应我的要求针对中文版对个别有关母亲的字句行进行调整而莫尼克对我会心地微笑时;当我惊讶地了解到,杜南和莫瓦尼埃两个家族上溯八代竟然同宗时;当阳光洒满客厅,不同国籍、不同种族的主宾畅谈尽欢时,我在想,与两本著作的缘份必定是冥冥之中早已安排的,而我们正在经历着的这种真实的幸福或许就是对先人最好的告慰……

杜南曾有云:"然昨夜之乌托邦常会变成翌日之现实"。翻译两本传记的过程,就是一个重温昨夜之乌托邦变为今日之现实的过程,就是让理想之光照耀心灵、在那最温柔的一角播撒希望之种的过程。掩卷而思,我们这一代人又将为我们的后人打造一个怎样的世界呢? 和平,共生,互为弟兄,或许这简单而艰巨的理想经过数代人的努力后终会变为幸福的现实。

爱上自己译著的译者是幸福的,幸福中一种美丽的情怀在绽放。

晓亚·杜博礼
2011 年 11 月于青岛

图书在版编目（CIP）数据

红十字之魂：古斯塔夫·莫瓦尼埃传 / (瑞士) 比尼翁编著；晓亚·杜博礼译. -- 青岛：中国海洋大学出版社, 2011.12
ISBN 978-7-81125-956-8

Ⅰ.①红… Ⅱ.①比… ②晓…
Ⅲ.①莫瓦尼埃，G（1826~1910）-传记
Ⅳ.①K835.226.2
中国版本图书馆CIP数据核字(2011)第266419号

Gustave Moynier by François Bugnion
World copyright@Slatkine,2010
ALL rights reserved.
由日内瓦人道研究中心 中国红十字会青岛分会提供授权

出品统筹　臧　杰
责任编辑　王积庆
特约编辑　冷　艳
装帧设计　良友创库·李欣

出版发行　中国海洋大学出版社　青岛市香港东路23号
本社网址　http://www.ouc-press.com
电子邮箱　cbsbgs@ouc.edu.cn
策　　划　青岛日报报业集团良友书坊　青岛市太平路33号
网　　址　http://www.liangyoubooks.com
联系信箱　liangyoubooks@126.com
印　　刷　青岛双星华信印刷有限公司
版　　次　2011年12月第1版
印　　次　2011年12月第1次印刷
开　　本　32开
字　　数　60千
印　　张　3.5
印　　数　1-1 0000
定　　价　12.00元

作者简介 弗朗索瓦·比尼翁（Francois Bugnion）瑞士人，1945年7月19日出生于日内瓦，文学学士和政治学博士。1970年加入红十字国际委员会。他既为该机构总部服务，也做过实地工作。2000年1月至2006年6月，他曾担任红十字国际委员会国际法及合作部门的主任。2010年至今，他是红十字国际委员会领导成员之一。他是50余种有关国际人道法或红十字会与红新月会历史的出版物的作者。

译者简介 晓亚·杜博礼，女，法籍华人，生于北京，留学法国。中国散文家协会会员、山东作家协会会员、青岛北京大学校友会常务理事，长期从事中法文化及经济交流活动。中国国家一级心理咨询师、世界商务策划师联合会高级商务策划师。著有散文集《红袖怀香》《舞动的红袖》、译注（与人合作）《三字经》《千字文》法文版。

版权鸣谢

Slatkine出版社,日内瓦
www.slatkine.com

出版鸣谢

日内瓦人道研究中心

亨利·杜南协会

中国红十字会青岛分会